Impressum:

Besuchen Sie uns im Internet:
www.papierfresserchen.de

Herausgegeben von Martina Meier – www.cat-creativ.at

in Auftrag von
© 2024 – Papierfresserchens MTM-Verlag
Herzsprung-Verlag
Mühlstraße 10, 88085 Langenargen

info@papierfresserchen.de
Alle Rechte vorbehalten.
Erstauflage 2024

Bearbeitung: CAT Creativ – www.cat-creativ.at

Titelbild + S. 8: © EHK-Pictures; Bild S. 10 © Schneider Fotos - Stock Adobe lizenziert; S. 23: KI generiert nach Angabe der Herausgeberin; S. 52: © dr.lange.unitybox.de / Depositphotos.com; S. 57: © antonaleksenko82.gmail.com / Depositphotos.com; S. 63: © arrogant / Depositphotos.com; S. 135: ©Martina Meier
Alle anderen Bilder: © bei den jeweiligen Autorinnen und Autoren

Druck: Bookpress, Polen

ISBN: 978-3-96074-861-8 - Taschenbuch
ISBN: 978-3-96074-862-5 - E-Book

800

Geschichten aus
Siegen

Martina Meier (Hrsg.)

Inhaltsverzeichnis

Autorinnen und Autoren

Andrea und Heiko Weiß

Bruno Kneppe

Bruno Steuber

Christa Ising

Cornelius Grupen

Elke Vitt

Elsbeth Knoche

Friedrich Hahn

Heidi Vetter

Heinz Bensberg

Heinz-Roland Send

Inge Schmolz

Ingrid E.

Karin Hildmann

Maria Reuber

Oliver Fahn

Peter Vogelsang

R. S.

Reinhard Radtke

Sandra Gertzen

Ursula Adler

Ursula Hamm

Wilfried Lerchstein

Vorwort

Die Stadt Siegen, erstmals im Jahr 1224 urkundlich erwähnt, feiert 2024 ihr stolzes 800-jähriges Bestehen. Und was wäre ein besserer Anlass, um die Geschichten dieser Stadt und ihrer Menschen zusammenzutragen?

Das Buch „800 – Geschichten aus Siegen" hat genau das getan: Es sammelt große und kleine Erlebnisse, Erinnerungen und Anekdoten, die Siegen so besonders machen. Hier erzählen nicht Historiker von großen Ereignissen, sondern ganz normale Menschen – Siegener durch und durch, oder solche, die sich dieser Stadt auf die eine oder andere Weise verbunden fühlen.

Jeder, der etwas zu sagen hatte, durfte mitmachen: von Jung bis Alt, vom Hobbyautor bis zum Profi, von denen, die hier aufgewachsen sind, bis zu jenen, die durch die Universität eine Verbindung zur Stadt gefunden haben.

Die Bandbreite der Beiträge ist so vielseitig wie die Stadt selbst: von Erinnerungen über Gedichte bis hin zu Fotos und Zeichnungen. Manches davon in Siegerländer Mundart. So entsteht ein einzigartiges, buntes Mosaik der Stadt Siegen und ihrer Bewohner – und das ganz ohne offizielles Mandat, denn initiiert wurde das Projekt vom Papierfresserchens MTM-Verlag, der schon seit knapp 20 Jahren solche kreativen Buchprojekte deutschlandweit betreut und damit zum Jubiläum Siegens eine wunderbare Gelegenheit geschaffen hat, Vergangenes zu reflektieren. Mit Beiträgen von engagierten Autor*Innen und Siegener Bürgern wird das Buch zu einem liebevollen Erinnerungsstück an 800 Jahre Stadtgeschichte – ganz nah und authentisch, nicht durch Zahlen und Daten, sondern durch die Stimmen der Menschen, die Siegen ihre Seele verleihen.

2024 feierte die Stadt Siegen ihr 800-jähriges Jubiläum.

800 Geschichten zum 800-jährigen Jubiläum, das war natürlich ein Traum von uns Initiatoren des Buchprojekts. Das haben wir nicht erreicht (und hatten damit auch nicht wirklich gerechnet). Aber es zählt ja nicht die Quantität, sondern nur die Qualität der Beiträge: die Geschichten, die uns schmunzeln, nachdenken und träumen lassen.

Dieses Buch wird zu einem Schatz für alle, die Siegen lieben und die Stadt durch die Augen ihrer Bewohner und Freunde noch einmal neu entdecken möchten.

800 Jahre Siegen war eben ein toller Grund, über gestern, heute und morgen zu berichten ... Nun wünschen wir viel Freude beim Lesen!

Martina Meier
Herausgeberin

800 Jahre Siegen

Vor 800 Jahren, an den Ufern der Sieg,
lebten 2500 Menschen nur,
fleißige Leute mit Witz und eigener Kultur,
andere sagten, sie wären maulfaul und stur.

Heute sind es 102.000 und wir laden alle ein,
Bewohner oder Gäste in unserer Stadt zu sein.
Siegen liegt schön, von sieben Bergen umgeben,
in den Wäldern und Auen kann man sich sportlich bewegen.

Die Landschaft ist bekannt als die grünste im ganzen Land,
in sie und seine Menschen kann man sich verlieben.
Es gibt viel zu sehen, die Altstadt, die Kirchen, das Schloss,
man sollte in die Museen gehen.

Und auf dem Weg dorthin, schaust du nach oben
und siehst das Wahrzeichen von Siegen auf dem Kirchturm thronen.

*Ursula **Hamm** aus Freudenberg: Vor 50 Jahren, anlässlich einer Veranstaltung im Schlosspark im Rahmen der 750 Jahr Feier von Siegen, lernte sie ihren Mann kennen.*

Turmgekrönt mit Mauergürtel
schaute sie trutzig ins Land

Die alte Bergstadt Siegen war seinerzeit eine wahrhaftige Festung. Turmgekrönt mit Mauergürtel schaute sie trutzig ins Land. Die Stadtbefestigungen waren in den vergangenen Jahrhunderten unter harten Fronarbeiten geschaffen worden. Die Stadtmauer war wohl überall mit einem Umgang versehen, über dem sich ein Dach befand. In dem Brandbericht von 1593 wird ausdrücklich das Dach der Stadtmauer an der Hinterstraße erwähnt, welches auf eine Länge von 300 Fuß vernichtet wurde. Auch in einem Bericht vom Magistrat der Stadt Siegen im Jahre 1833 an die Regierung in Arnsberg wird von der noch unter dem Dach stehenden Mauer am Hain gesprochen.

Es gab damals drei Zufahrtsstraßen zur Bergfeste Siegen. Und wer in die Stadt hinein wollte, musste durch starke Tore gehen, die mit mächtigen Bollwerken geschützt waren. Es war das Kölner-, das Löhr- und das Marburger Tor. Neben den Haupttoren für den großen Verkehr waren um 1500 noch verschiedene kleinere Tore da. Sie wurden Porte bzw. Pforte genannt und waren für den Zugang von Feldern, Gärten und gewerblichen Anlagen, die außerhalb der Stadt lagen.

Die größte Befestigungsanlage hatte das Marburger Tor. Ein feuchtes und dunkles Gewölbe von nicht unbeträchtlicher Länge war beim Eingang in die Stadt zu durchschreiten. Das Löhrtor und auch das Kölner Tor hatten je drei befestigte Pforten, die durchschritten werden mussten. Das Löhrtor hieß seinerzeit Wetzlarer Tor. Auch die Straßenbezeichnung wechselte.

So wurde bis 1404 die „wetflergasse" erwähnt, die identisch war mit der 1455 erstmals erscheinenden „loirgasse". Seit dieser Zeit hieß diese Straße immer Löhrgasse oder Löhrstraße. Das Gerber- oder auch Löhergewerbe genannt, war in Siegen sehr früh und lange beheimatet gewesen. Es hatte in der zweiten Hälfte des 15. Jahrhunderts einen großen Aufschwung. Die Löher zogen seinerzeit fast alle, da sie hier näher am Wasser waren, in diese Gasse, die zum Wetzlarer Tor führte. Das Tor, welches an der großen nach Wetzlar führenden Straße lag, behielt den Namen noch länger als die Straße. Erst um 1600 wurde es Löhrtor genannt.

Etwa um 1800 begann der Verfall der Befestigungswerke der Stadt Siegen. Hinzu kam, dass bei dem starken Wachstum der Bevölkerung und des aufblühenden gewerblichen Lebens der Bürgerschaft es zu eng in dem Mauergürtel wurde.

Zuerst ließ der Stadtpräfekt einen dreistöckigen Turm am Marburger Tor abbrechen. Um 1815 begann der Abbruch der Wehrgänge auf der Stadtmauer. Das Torgewölbe des Marburger Tores wurde im Jahre 1830 beseitigt und das Bollwerk, welches damit verbunden war, kam 1852 bzw. 1889 zum Abbruch. Danach wurde auch das Kölner Tor abgerissen. Auch das Löhrtor, welches am längsten der drei Tore erhalten blieb, musste dem Neubau von Häusern weichen.

Der Beigeordnete Schutz gab im Jahre 1810 eine genaue Beschreibung des Marburger Tores. Vom Turm, Tor und Bollwerk sagte er Folgendes: „Der Turm maskiere für den aus der Stadt Kommenden das dahinter liegende große Torgewölbe. Er sei uralt, eine Zierde der Stadt und in seinen drei Etagen sehr dauerhaft gebälkt und gediel. Jedes Stockwerk enthalte ungefähr 20 Fuß Quadrat im Lichten und das inwendige Gehölze werde, wenn es zum Abbruch kommen sollte, von Sachkennern auf 100 Rtl. angeschlagen. An diesem Turme befinde sich in unmittelbarer Verbindung das große Torgewölbe. An dieses Gewölbe stößt ein anderes, welches zur Defensive des eben gedachten Gewölbes Schießlöcher hat und haben beide Gewölbe eine Mittelmauer. Auf diesen beiden Gewölben steht das auf das schönste eingerichtete Bollwerk mit Brustwehr, Schießscharten Kanonenhaus und am Ende desselben befindet sich die Wohnung des Pförtners nebst Stallung, Mistenstätte, Graserei, Garten und Obstbäumen."

Durch diese drei Tore ging der gesamte Verkehr in die Stadt und wieder heraus. Es zogen hinein und heraus die reitenden und fahrenden Posten, herrschaftliche Fuhrwerke und Bediente. Die Planwagen der reisenden Kaufleute und Händler, die Frachtwagen der Eisen- und Kohlenfuhrleute, die Wagen und Karren der Landleute, welche Holz und Viktualien in die Stadt brachten. Durch diese Tore zogen die in blaue Kittel gekleideten Landleute sowie Prediger und Ärzte zu ihrem Werke. Auch das fahrende Volk musste hindurch. Es waren Bettler, „Zigeuner", Mäckese, Porzellan-, Olitäten-, Gewürz- und andere Krämer, Pfannenflicker, Korbmacher, Scherenschleifer, Taschenspieler, Glückstopfkrämer, Riemenstecher, Lumpen- und Schuhlappensammler. Den Fahrenden war die Stadtpolizei scharf auf dem Fuße und die Torwächter hatten ein wachsames Auge auf alle verdächtigen Menschen, die ein und ausgingen.

Ein Verkehrshindernis bildeten wie in allen befestigten Städten, die Tore. Man nahm dies gerne in Kauf, da es eine Sicherheit für die Bürger war. Auf Wunsch erhielt die Stadt Siegen am 15. März 1783 von der fürstlichen Landesregierung in Dillenburg ein Reglement für eine sogenannte Torsperre. Die Tore wurden abends, es war unterschiedlich je nach Jahreszeiten, einige Stunden geschlossen. „In den Monaten Junius, Julius und Augustus fängt die Sperrzeit des Abends um 9 Uhr an und dauert bis 12 Uhr nach ausgeschlagener Glocke." Eine viertel Uhr vor dem Anfang der Sperrzeit wurde durch ein Trommelschlag auf dem Stadtturm zu jedermanns Benachrichtigung das Zeichen gegeben, dass die Sperre nach Ablauf von ein viertel Uhr ihren Anfang nehmen werde.

Jede Person, die in dieser Zeit zu Fuß durch ein Tor ging, musste zwei Kreuzer zahlen. Von jedem Pferd, Maultier, Ochsen oder Esel wurden vier Kreuzer Speergeld erhoben. Befreit von diesem Sperrgeld waren die herrschaftlichen Kutschen und Boten, das Militär zu Fuß oder zu Pferde, die Posten und die Feuerläufer. Auch befreit waren die Boten welche „zur Herbeiholung eines Medici, Chirurgi oder einer Hebamme oder zur Abholung nötiger Arzneimittel abgesandt wäre." Die Einnahmen aus dem Sperrgeld flossen in die damalige Armen-Verpflegungsanstalt. Die Sperrgelderheber wurden vom Stadtgericht bestellt und in die Pflicht genommen.

Knarrend schlossen sich zu bestimmten Stunden die Flügel der Stadttore und öffneten sich wieder zur festgesetzten Zeit. Der sittsame

Bürger fühlte sich geborgen hinter Mauern, Toren und Wällen. Er ging abends zeitig, ehe die Lumpenglocke schlug nach Hause. *Lumpenglocke* ist die Bezeichnung für mehrere Glocken, die abends das Schließen der Stadttore einläuten. Der Zecher – die Lumpen – wurden hierbei an die späte Stunde erinnert und aufgefordert nach Hause zu gehen.

Heinz Bensberg: *Geboren wurde ich am 6.11.1939 in Dahlbruch, Kreis Siegen (NRW), wo ich auch heute noch wohne. Dahlbruch ist 1969 bei der Gemeindegebietsreform nach Hilchenbach eingemeindet worden. Im Stadtrat von Hilchenbach war ich viele Jahre als Ratsmitglied tätig. 2003 wählte man mich zum Ortsheimatpfleger von Dahlbruch. Zu den Aufgaben eines Ortsheimatpflegers zählt es auch, wenn möglich, das Historische des Ortes und der Region festzuhalten. Aus diesem Grunde habe ich von Dahlbruch und dem Ferndorftal etwas aus den vergangenen Tagen aufgelistet. Aber auch aus dem Siegerland wird über Vergangenes berichtet.*

Keine einfache Fahrt

Ich sitze im Bummelzug von Siegen nach Hagen. Nach dem dritten Betreiberwechsel in vier Jahren heißt der Bummelzug jetzt Westfalen-Express, aber für mich bleibt es ein Bummelzug, weil er für die kurze Strecke von Siegen nach Hagen fast zwei Stunden braucht und unterwegs überall hält. Weidenau. Geisweid. Kreuztal. Eichen. Littfeld. Welschen Ennest.

Einige Stationen sind so klein, dass es gar keinen Bahnhof gibt, sondern nur einen Bahnsteig, einen Fahrkartenautomaten und einen Mülleimer. Die meisten Passagiere fahren nur ein oder zwei Stationen. Von Siegen nach Geisweid, von Weidenau nach Kreuztal, von Hohenlimburg nach Hagen. Schüler und Berufspendler auf dem Heimweg. Sportler auf dem Weg zu einem Auswärtsspiel. Frauen in schwarzen Kleidern, die irgendwas eingekauft haben und den Einkauf schon be¬reuen, weil die Tüten so schwer und die Pakete so sperrig sind.

Ich fahre immer die ganze Strecke, von Siegen Hauptbahnhof bis Hagen Hauptbahnhof. Die wenigen Passagiere, die wie ich die ganze Strecke fahren, sehen aus, als wären sie auf der Flucht.

Auch ich bin auf der Flucht. Ich fliehe vor meinen alten Eltern und vor ihrer Not. Meine Mutter braucht bei jedem Schritt und bei jedem Handgriff Hilfe – beim Aufstehen, beim Waschen, beim Anziehen, beim Essen, beim kurzen Weg vom Bett zum Sofa und zurück. Mein Vater hilft ihr, so gut er kann, aber seine Kräfte sind begrenzt. Bald wird er selbst Hilfe brauchen. Einen Pflegedienst und selbst eine Haushaltshilfe lehnen meine Eltern trotzdem ab.

„Wir wollen keine fremden Leute im Haus haben", sagen sie.
Mein Vater sagt: „Ich kann nicht mehr. Du musst Mama in einem Heim unterbringen."

16

Meine Mutter sagt: „Papa will mich ins Heim abschieben. Du musst das verhindern. Ich will zu Hause bleiben."

Was ich auch tue, einen der beiden werde ich enttäuschen, und wenn ich nichts tue, enttäusche ich sie beide.

Der Zug hält in Kirchhundem. Eine Horde Schüler steigt aus. Ein dünner Mann in einem blauen Overall steigt ein. Er setzt sich neben mich und schläft sofort ein. Wenig später kommt der Schaffner. Ich zeige ihm meine Fahrkarte.

„Nach Hamburg?"

Ich nicke.

„Der Anschlusszug fällt heute aus."

„Gibt es einen Ersatzzug?"

Der Schaffner zuckt mit den Schultern und geht weiter. Den Mann im blauen Overall lässt er schlafen.

Nächster Halt: Altenhundem. Die Bahnhofsuhr zeigt halb vier. Sie zeigt immer halb vier, egal wie spät es wirklich ist. Ich schaue auf meine Armbanduhr. Kurz vor sieben.

Meine Eltern sitzen um diese Zeit beim Abendessen. Der Esstisch steht jetzt in dem Zimmer, das früher das Arbeitszimmer meines Vaters war. So ist es vom Tisch zum Kühlschrank nicht so weit – und ein Arbeitszimmer braucht mein Vater nicht mehr, denn er ist schon seit fast zwanzig Jahren in Rente. Mein Vater belegt das Brot für meine Mutter mit dem Schinken, den sie gerne mag, und schneidet es für sie in mundgerechte Stücke, aber meine Mutter isst kaum etwas davon. Sie wird immer dünner. Ich muss bei jedem Besuch neue Sachen für sie kaufen, weil ihr die Pullover von den Schultern rutschen und die Hosen von den Hüften.

In Lennestadt-Meggen wird der Zug langsamer, als wolle er halten, aber dann hält er doch nicht, als habe er es sich im letzten Moment anders überlegt. Langsam zieht das Sägewerk der Gebrüder Platt am Fenster vorbei. Irgendwo zwischen Finnentrop und Lethmathe schlafe ich ein. Im Traum bekomme ich eine SMS vom Hausarzt meiner Eltern, die mit dem Wort *Leider* beginnt. Aus Angst vor dem, was in der Nachricht steht, lösche ich sie, ohne sie zu lesen.

Als ich wieder aufwache, ist es dunkel. Der Mann im blauen Overall ist verschwunden. Vor mir steht der Schaffner. Er leuchtet mir mit einer Taschenlampe ins Gesicht.

„Aussteigen. Endstation."

„Sind wir in Hagen?"

„Wir sind in Siegen."

Ich muss die Ankunft in Hagen und die ganze Rückfahrt verschlafen haben. „Fährt heute noch ein Zug nach Hagen?"

Der Schaffner schüttelt den Kopf.

Cornelius Grupen *wurde 1974 in Hüttental (heute Siegen) geboren. Erste journalistische Gehversuche unternahm er als freier Mitarbeiter der Siegener Zeitung. Später führten Studium und Arbeit ihn nach England, Frankreich, Schweden, Südkorea und in die USA. Heute lebt er in Hamburg. Er arbeitet als Ghostwriter für Unternehmer und Politiker.*

Erster Besuch in der Stadt

Es war im Jahr 1946, als mein Vater nach Kriegserlebnissen in Kassel mit seiner Familie nach Littfeld zurückkehrte, um hier als der letzte Schmiedemeister des Dorfes eine neue Existenz aufzubauen. 1949 kam ich hier in die Schule, sogar mit einer geliehenen Schultüte am ersten Schultag. Es wird 1950 oder 51 gewesen sein, als mein Vater wegen des Neubaues unseres Hauses *eh de Stadt*, also nach Siegen musste. Es war wahrscheinlich gerade Ferienzeit, als Vater seinen *großen* Sohn zu einem Ferientag in Siegen einlud.

Heute bin ich 81 und erinnere mich gerne an diesen unvergesslichen Tag. Wir fuhren mit dem O-Bus, es war noch dunkel und winterlich kalt. Die langen Stangen auf dem Dach des Busses stellten den elektrischen Kontakt zur Oberleitung her. Faszinierend knisterte und funkte es ja, beinahe unheimlich sah das aus. Aber ich war ja schon *groß* und tat so, als wäre das nichts besonderes. Auf einem erhöhten Podest saß der Schaffner oder die Schaffnerin und knipste – lochte – den Fahrschein. In Buschhütten stieg ein Kontrolleur zu und wehe dem, der versuchte, schwarz zu fahren und dabei erwischt wurde. Für mich war das alles neu und aufregend.

Nachdem Vater bei Reichwalds seine Einkäufe erledigt hatte, zog er seine Uhr aus der Westentasche und stellte fest, dass es Zeit zum Mittagessen war. Er lud mich ein, beim jüdischen Metzger, den er wohl gut von seiner Littfelder Verwandtschaft her kannte, zu günstigem Preis ein Häppchen zu essen. Er wählte Sauerbraten, ich bekam ein schönes Stück Fleischwurst. Das war ein Festessen wie es bei uns nicht jeden Tag auf den Tisch kam. Erst später erfuhr ich, dass hier alles Fleisch vom Pferd stammte. Na und? Es hatte doch gut geschmeckt.

Vater hatte wohl günstig Material für unser neues Haus eingekauft oder einen Kredit aufgenommen – ich weiß es nicht, aber er hatte noch so viel Geld in der Tasche, dass er mich zu seinem Geheimtipp mitnahm. Ein erfahrener Aquarianer hatte im Keller seines Hauses einige Behälter mit exotischen *Henonherschwemmdiercher* aufgebaut. Ich machte große Augen wegen der Farbenpracht und dem fremdartigen Aussehen mancher Fische. Bisher hatten wir ja im von unserem Vater selbst gebauten Aquarium, dessen Winkelrahmen noch nicht verzinkt, aber immerhin mit dem giftigen Mennige gegen Rost geschützt war, nur kleine, grünlich braune, karpfenähnliche Karauschen gepflegt. Später wurden diese durch farbenprächtige Stichlinge aus dem Krombacher Brauereiweiher ersetzt. Welches Kind weiß denn heute noch, dass die Männchen mit leuchtend roter Brust ein Nest mit zwei Öffnungen bauen, um die Weibchen darin ihre Eier ablegen zu lassen und um später die Jungfische darin mit Frischwasser zu versorgen.

Aber zurück zum Thema Stadt. Vater kaufte mir in diesem *Zoogeschäft* ein Pärchen des Millionenfisches. Der Name deutet bereits auf zahlreichen Nachwuchs hin. Und so geschah es auch bei uns. Wieder zu Hause angekommen und voller neuer fremder Eindrücke für mich, beobachteten Vater und ich, so oft es ging, das farbenprächtige Männchen unserer Neuerwerbung beim Balzen. Und nach einiger Zeit schwammen winzig kleine Jungfische herum. Damit keiner verloren ging, das heißt, von den eigenen Eltern gefressen wurden, fing ich sie in Ermangelung eines Keschers mit der Suppenkelle, um sie in einem Marmeladenglas separat und geschützt aufzuziehen.

Darüber vergaß ich leider die Schule und kam zu spät zum Diktat. Mit hochrotem Kopf versuchte ich mich zu entschuldigen und erklärte der Lehrerin: „Frau Jung, ich bin zu spät, weil ich 40 Junge bekommen habe." Das gab Stimmung in der Klasse! Ob Frau Jung auch gelächelt hat, weiß ich nicht mehr.

Heute ist eine Fahrt nach Siegen auch noch spannend und abenteuerlich – aber aus ganz anderen nicht so erfreulichen Gründen,

__Bruno Steuber__ hat sieben kleine Bücher mit überwiegend mundartlichem Inhalt geschrieben.

Siegen hatte 1953 noch 400 Gaslaternen

Ganz düster war es in Siegens Straßen noch bis in die Mitte des 19. Jahrhunderts. Es gab viele schmutzige, enge Gassen in denen man bei Dunkelheit nicht sah, in welchen Dreck man trat oder wer hinter der nächsten Ecke lauerte. Was da nachts auf den Straßen flimmerte und schimmerte, waren Menschen, die vom Stammtisch oder sonst woher mit ihrer Laterne nach Hause strebten. Natürlich leuchteten die Laternen vom Nachtwächter und dem Turmwächter der Nikolaikirche die ganze Nacht. Es gab aber auch schon rußige, flackernde Öllaternen, die die Straßen nachts etwas erhellten. Die Öllaternenanzünder liefen bei Dämmerung mit einer Leiter und bis 15 Ölkännchen, die mit einem Draht befestigt waren, umher. Der Inhalt eines Ölkännchens reichte für die Brenndauer einer Laterne eine Nacht. Er musste also jeden Abend 15 Laternen mit Öl füllen und sie anzünden.

Siegen hatte 1837 gut 6.000 Einwohner. Im Haushaltsplan waren jährlich 30 Taler für die Beleuchtung aufgeführt. Die Kosten für die Herstellung einer Laterne betrug 15 Taler. Man wollte 20 Öllaternen für 300 Taler errichten, was nicht von der Stadtkasse bestritten werden konnte. Es mussten freiwillige Beiträge aufgebracht werden. Jeder Platz und jede Straße bekamen eine Laterne. Es gab viel Ärger, da viele meinten, die Leuchten seien an unwürdigen Ecken und Straßen angebracht worden.

Am 1. April 1887 wurde die erste Gasanstalt, die bereits 25 Jahre vorher gegründet wurde, von der Stadt Siegen übernommen. Nach langen Verhandlungen wurde zwischen der Stadt Siegen und der Firma Franke aus Dortmund ein Vertrag geschlossen, dass die Firma 25 Jahre das Gas für die Stadt und dessen Bürger zum Heizen, Kochen und Leuchten zu liefern hatte. Der Unternehmer verpflichtete sich, nur reines Gas zu liefern. Das Gas wurde aus Kohle in den Gaswerken gewonnen und durch ein Rohrnetz zu den Straßenlaternen geleitet.

Sämtliche Laternen mussten in 20 Minuten angezündet werden und nicht vor einer bestimmten Zeit gelöscht werden. Für jede Laterne, welche später angezündet oder früher gelöscht worden wäre, hätte der Unternehmer eine Konventionalstrafe zu zahlen. Sollte das spätere Anzünden oder frühere Löschen eine volle Stunde und mehr betragen wäre die Strafe höher ausgefallen.

Am 1.4.1862 wurde in der Siegstraße mit dem Bau der ersten Gaslaternen begonnen. Sie dienten zunächst nur der Altstadt. Später erhellten sie auch die Bezirke Sieghütte, danach die Hammerhütte und den Hain. Die Siegener Zeitung schrieb am 21. Juli 1862 Folgendes:

Die Legung der Gasleitungsrohre schreiten in erfreulicher Weise ihrer Vollendung entgegen. Wir wollen hoffen, dass sich keine Schwierigkeiten mehr finden, welche die Eröffnung des Betriebes verzögern.

Es ging sehr zügig voran, sodass am 1. Oktober desselben Jahres schon 74 Gaslaternen Siegens Straßen nachts erhellten. Bis zum Zweiten Weltkrieg waren es 917. Es gab tüchtig Unruhe in der Bevölkerung, denn das Gas brannte 1889 sehr schlecht. Die Gasflamme verbreitete häufig einen rötlich, gelben, dunklen Schein. Man versprach umgehend Abhilfe zu schaffen. Wo genaues Arbeiten erforderlich war, wurde neben das Gaslicht noch eine Petroleumlampe gestellt, so schlecht leuchtete das Gas.

Die Gaslaternen leuchteten ohne Docht und lösten langsam die rußig brennende Öllaterne ab, sie wurden seinerzeit von Hand angezündet. Es entstand ein neues Berufsbild der Laternenanzünder. Mit einer langen Zündstange, die oben ein Stück abgeknickt war, zog der Laternenanzünder abends durch die Straßen und brachte die Laternen einzeln zum Leuchten. Viel später konnten die Lampen mit Druckstößen im Gasnetz angezündet werden. Das klappte aber nur, wenn in der Laterne immer eine Flamme brannte.

Die Straßenbeleuchtung wurde beeindruckt von der Erfindung des elektrischen Lichtes in der zweiten Hälfte des 19. Jahrhunderts. Aufwendige Wartung sowie hohe Energiekosten sprachen gegen die Gasbeleuchtung. Die elektrische Beleuchtung verbrauchte weniger Energie und hatte ein viel helleres Licht als Gaslaternen. Auch der von Carl Auer von Welsbach entwickelte Glühstrumpf, welcher bei Gaslaternen das Licht verbesserte, konnte den Siegeszug des elektrischen Lichts nicht aufhalten. Aufgrund der noch vorhandenen Leitungen hielt man nach dem Zweiten Weltkrieg in Siegen zunächst noch an der Gasbeleuchtung fest.

400 Gaslaternen brannten 1953 noch in Siegens Nebenstraßen. Zehn Laternenanzünder standen noch in den Diensten der Stadtwerke. Es waren meistens Invaliden, die Diener des Lichts, von denen jeder 40 Gaslaternen in einem abendlichen Rundgang anzünden und morgens wieder löschen musste. Ein Rundgang dauerte etwa anderthalb Stunden. Die letzte wurde erst bei Dunkelheit angezündet. Es war ein Wettlauf mit der Dämmerung. Es ging dann jeden Abend *klick* und wieder hatte ein Lichtmännchen eine Flamme entzündet. Wieder warf eine Lichtquelle ihren Schein auf die meist nicht glatten, sondern holprigen und mit Matsch belegten Wege.

Strom und Gas stritten sich schon länger um die Ehre, den Siegenern ihr Licht zu spenden. Wenn bei Finsternis die Menschen nichts mehr sahen und über ein Hindernis oder die eigenen Füße stolperten, wurde heftig über die Anzünder geschimpft. Aber man konnte einfach nicht alle auf einmal anzünden. Also fort mit den Gaslampen, die mit der Hand angezündet wurden, her mit elektrischen Längsstrahlern für alle Straßen in Siegen. Bis zum 31. Dezember 1954 wurde das Beleuchtungsnetz der ganzen Stadt Siegen modernisiert und bis zur letzten Lampe organisiert. Die elektrischen Straßenlaternen werden heute oft durch einen Dämmerungsschalter ein- und ausgeschaltet. Der Dämmerungsschalter erfasst über eine Fotozelle die Helligkeit seiner Umgebung und je nach eingestelltem Schwellenwert gibt dieser den Schaltimpuls für die Ein- oder Ausschaltung.

Die Gaslaternen sind Dinge aus längst vergangenen Tagen. Sie waren es, die vor 150 Jahren nachts auch Siegens Straßen etwas erhellten. *Pall Mall* in London war die erste Straße der Welt, die auf diese Weise nachts beleuchtet wurde. Bald war für die Laternen die rechte Form gefunden und es verzierten viele verschiedene Girlanden aus Gusseisen die Straßenecken. Doch die große Zeit ist für sie für immer vorbei. Die Romantik der Gaslaternen verdämmert immer weiter in der Lichtfülle der modernen Welt.

Heinz Bensberg: *Geboren wurde ich am 6.11.1939 in Dahlbruch, Kreis Siegen (NRW), wo ich auch heute noch wohne. Dahlbruch ist 1969 bei der Gemeindegebietsreform nach Hilchenbach eingemeindet worden. Im Stadtrat von Hilchenbach war ich viele Jahre als Ratsmitglied tätig. 2003 wählte man mich zum Ortsheimatpfleger von Dahlbruch. Zu den Aufgaben eines Ortsheimatpflegers zählt es auch, wenn möglich, das Historische des Ortes und der Region festzuhalten. Aus diesem Grunde habe ich von Dahlbruch und dem Ferndorftal etwas aus den vergangenen Tagen aufgelistet. Aber auch aus dem Siegerland wird über Vergangenes berichtet.*
Quelle: *Unser Krönchen: Siegen wollte 20 Öllaternen haben Adolf Müller: Siegens Gasversorgung zunächst mit Mängeln Siegener Geschichten: Straßenbeleuchtung im Wandel der Zeit Adolf Müller: Im Jahr 1953 noch 400 Gaslaternen.*

750-Jahr-Feier vor 50 Jahren

Beim Durchlesen des Artikels zu diesem Buchprojekt in der SZ musste ich spontan an die 750-Jahr-Feier vor 50 Jahren denken. Ich werde im Sommer 75 Jahre und war also 25 Jahre jung.

Es waren drei tolle Tage in Siegens Ober- und Unterstadt. Sonniges Wetter, die Marburger Straße war drei Tage lang in der Mitte mit langen Tischen und Stühlen bestückt und kein einziger Autofahrer beschwerte sich darüber. Die Stimmung, die unterschiedlichsten Bands, Essen, Trinken, hier und da kleine Zelte mit Deko-Verkauf, alles war so wunderbar.

Ich werde das einfach nie vergessen, dass wir drei Tage hintereinander gefeiert und logo vormittags schon Alkohol getrunken haben. Mit uns saßen damals am Tisch die beiden Siegener Künstler

Walter Helsper und Uwe Pieper, mit denen hatten wir später auch privat Kontakt. Leider sind beide nicht mehr am Leben.

Es gab meines Wissens nach bei der Veranstaltung vor 50 Jahren auch keine Schlägereien, habe alles friedlich und gelungen in Erinnerung.

Ingrid E.

Die Heimatmaler
Jakob und Sohn Wilhelm Scheiner

Jakob und Sohn Wilhelm Scheiner waren echte Heimatmaler. Sie waren die Maler von Alt Siegen und Alt Köln. Jakob Scheiner hat zuerst fürs Siegerland und später haben beide für Köln gemalt. Es ist unglaublich, welche Mengen an Aquarellen die beiden Künstler im Laufe der Jahre geschaffen haben. Es sind meistens Straßenbilder, Ecken und Winkel aus dem alten Köln und dem alten, schönen Siegen. Heute sind diese Bilder viel wertvoller, weil all die vertrauten, alten Häuser und Winkel in Köln sowie in Siegen den Bomben des letzten Weltkrieges zum Opfer gefallen sind.

Jakob Scheiner wurde vor gut 200 Jahren am 22. Februar 1820 in Siegen Sohlbach geboren. Er wuchs in Ferndorf auf und begann 1835 eine Ausbildung bei einem Vermessungsbüro in Siegen. Er ging später für einige Zeit nach Berlin und Kopenhagen. 1848 gründete er eine lithografische Anstalt, in der hauptsächlich Visitenkarten, Briefköpfe und Geschäftsanzeigen gedruckt wurden. Da er unerfahren war, scheiterte das Unternehmen bereits nach wenigen Jahren. Nach der Insolvenz seines Unternehmens entschied er sich 1854, mit seiner Frau und dem 1852 geborenen Sohn Wilhelm nach Köln umzusiedeln. In den 1850er-Jahren dokumentierte Scheiner ein Musterbuch der Gebrüder Achenbach. Es zeigt die Eisengießerei in Buschhütten, welche heute noch ein aktives Maschinenbauunternehmen ist. Bei der Köln-Mindener-Eisenbahngesellschaft fand er schnell eine Anstellung, für die er Bahnhöfe und Tunneleinfahrten zeichnete. Als freischaffender Künstler entschied er sich, ab 1872 zu arbeiten. Seine Motive waren in der Hauptsache Stadtansichten von Köln und seiner ehemaligen Heimat Siegen. Später arbeitete er mit seinem Sohn Wilhelm gemeinsam als Maler in Köln Deutz.

Ohne künstlerische Ausbildung entwickelte er sich vom technischen Zeichner und Grafiker zu einem bekannten Maler. Werke von ihm wurden auf den Weltausstellungen 1867 in Paris und 1873 in Wien gezeigt und brachten Scheiner Anerkennung und neue Aufträge. Im Künstlerlexikon von Thieme/Becker wird Jakob Scheiner als Landschaftsmaler geführt. Diese Einordnung trifft aber nicht den Kern der Arbeiten von Jakob. Seine eigentliche Profession galt der Bauwerksaufnahme, besonders im Bereich der Industriearchitektur. Die älteste seiner Dokumentationen ist von 1865 und zeigt mit einem Titelblatt und 48 Lithografien ein Bauprojekt der Köln-Mindener-Eisenbahngesellschaft, die die Strecke Köln Gießen aufführt. Es war eine Werbemappe für die Eisenbahngesellschaft. Spannend ist, dass die Streckenführung heute noch ähnlich ist und man quasi anhand der Mappe eine Reise in die Vergangenheit unternehmen kann.

Seine Motive waren neben seiner Heimat aus dem Siegerland besonders Darstellungen der Kölner Stadtmauer, Industrieanlagen und den Verkehrswegen. Es gab einen ausführenden Einblick in das Stadtbild von Köln im 19. Jahrhundert. Er malte Aquarell – Schaubilder von vielen großen Werken, so von der Gasmotorenfabrik Deutz, vom Carlswerk Mühlheim und von Krupp Essen. Er entwickelte mittels geometrischer Projektion monumentale Fabrik-Panoramen aus der Vogelperspektive. 1879/1880 schuf er im Auftrag der Krupp-Gussstahlfabrik eine Vogelschau der Essener Industrieanlagen. Die Bilder aus ihrer Produktion wurden geschätzt und fanden schnell Käufer. Sogar der Kaiser gehörte zu den Bewunderern, entsprechend wurde Jakob Scheiner mit Ordern und Ausstellungen ausgezeichnet.

Er fertigte eine große Anzahl an Bildern von Siegen und der Sieg, von der Lahn und vom Rhein an. Das Stadtarchiv Siegen verwaltet alleine 320 Stück vom Nachlass Scheiner Siegen. Scheiner malte 1886 und 1896 im Auftrag der Stadt Köln Vogelschauaquarelle, die sich heute im kölnischen Stadtmuseum befinden. Im Leipziger Museum befinden sich zehn Schreiben Scheiners, die er an die Illustrierte Zeitung in den Jahren von 1870 bis 1874 schrieb. Weiterhin hat die Kölner Kunst- und Museumsbibliothek ein Dossier von Scheiner Jakob 1820 bis 1911 angelegt. Die Ausstellung in der „Kleinen Galerie" des Siegerlandmuseums vereint aus Anlass des 200. Geburtstages von Jakob Scheiner Zeichnungen, Aquarelle und Drucke aus den unterschiedlichen Schaffensphasen. Auch Anlagen von der Köln-Gießener-Eisenbahn mit der Zweigbahn von Betzdorf nach Siegen, herausgegeben von der Köln-Mindener-Eisenbahn-Gesellschaft. In der pfälzischen Landesbibliothek in Speyer liegen Bilder von ihm für die im Feldzug gegen Frankreich verstorbenen Vaterlandsverteidiger.

Als 1908 seine Ehefrau Johanna, geborene Beyer starb, mit der er seit 1849 verheiratet war, siedelte Jakob nach Potsdam zu seinem jüngeren Sohn Julius Scheiner, der 1858 in Köln geboren wurde und 1913 in Potsdam starb. Dieser war Professor der dortigen Sternwarte. Den Professorentitel erhielt Julius 1893 von der Universität Berlin. Er brachte etliche Schriften über die Gestirne und das Weltall heraus und war ein deutscher Astrophysiker. Seinem Sohn Wilhelm, der schon längere Zeit mit ihm zusammengearbeitet hatte, hinterließ er die Weiterführung der Malerwerkstatt in Köln Deutz. Jakob starb 1911 mit 91 Jahren und wurde auf dem alten Friedhof in Potsdam beigesetzt.

Wilhelm Scheiner wurde 1852 in Siegen geboren. Im Alter von zwei Jahren zog er mit seinen Eltern nach Köln, wo sein Bruder Julius geboren wurde. Er schloss 1870 seine höhere Schulbildung mit dem Reifezeugnis in der Realschule Kölner Kreuzgasse ab, besuchte danach das Polytechnikum in Aachen, um Maschinenbau zu studieren. 1875 wurde er aus dem Armeedienst entlassen, da er körperlich untauglich war. Er begann ein Vorbereitungssemester wieder an dem Polytechnikum in Aachen. Er wechselte danach zu den Fachgebieten Chemie und Hüttenwesen. Nach der Ausbildung arbeitete er bei der Rolandshütte in Weidenau, der Friedrichshütte in Herdorf und von 1878 bis 1882 als technischer Leiter bei der Charlottenhütte in Niederschelden. Aus gesundheitlichen Gründen gab er seinen Beruf auf und zog zu seinen Eltern nach Köln und widmete sich der bildenden Kunst.

Er trat als Dreißigjähriger in die Lehre bei seinem freischaffenden Vater und widmete sich der Architektur, der Stadtfotografie sowie der darstellenden Kunst. In Gegensatz zu seinem Vater, der sich seinen Bildern mehr zeichnerisch näherte, führte Wilhelm die Fotografie ein, die er als Vorlage für seine Bilder nutzte. Die fotografische Projektion erfolgte im Atelier mithilfe eines selbst konstruierten Vergrößerungsapparates auf der Leinwand bzw. Aquarellkarton. Auf diesen fixierte er anschließend die Konturen mit einem Bleistift. Zahlreiche zeitgenössische Fotografien der Stadt Köln, die noch vorhanden sind, entwickelte er. Beide Maler haben die Entwicklung der Stadt Köln um die Jahrhundertwende in Bildern und Fotoaufnahmen dokumentiert. Jakob und Sohn Wilhelm unterscheiden sich kaum in ihrem Malstil. Während Jakob eher eine leichtere Manier bevorzugte, wirken die Bilder seines Sohnes etwas kühler. Vielleicht lag es unter anderem daran, dass Jakob seine Bilder frei vorskizzierte. Wilhelm nahm aber gern Fotos als Grundlage für seine Werke.

Der junge Wilhelm war ein Maler-Original und lebte einsam und bescheiden. Er arbeitete von morgens bis abends in einer schönen Etage in einem kleinen Zimmer nach dem Hofe zu. Es fehlte überall die staubfegende Frauenhand. Er wollte keine Putzfrau haben, da angeblich eine ihm mal eine wertvolle Skizze verkramt hatte. Er sagte „Jetzt weiß ich, wo alles liegt, wenn aber mal aufgeräumt ist, weiß ich es nicht mehr." Er arbeitete Tag und Nacht mit großer Sorgfalt an seinen künstlerischen Aufgaben und führte ein richtiges Junggesellenleben. Wilhelm war wenig gesellig und wirkte eigenbrötlerisch, blieb unverheiratet und lebte nach dem Tod des Vaters alleine in der elterlichen Wohnung in Deutz, wo er 1922 starb.

Seine Junggesellen-Schrulligkeit, seine Weltfremdheit, vor allem aber das vollständige Aufgehen in seiner künstlerischen Aufgabe ließen jedes vernünftige Wirtschaftsleben bei ihm außer Acht. Er arbeitete mit Sorgfalt Tag und Nacht an Bildern, die seinerzeit nichts einbrachten. Wilhelm Scheiner war aber nicht arm. Denn als die Witwe von seinem Bruder Julius den Nachlass ordnete, fanden sich ganze Mappen voll schöner Aquarelle des Vaters, deren Verkauf seinen Lebensabend gut gesichert hätten. Wenn man ihm vorschlug, es zu verkaufen, sagte er immer, dieses wäre seine Altersversicherung. Er starb mit 70 und dachte bestimmt, dass er auch die 90 wie sein Vater erreichen könnte.

Heinz Bensberg: Geboren wurde ich am 6.11.1939 in Dahlbruch, Kreis Siegen (NRW). **Quelle:** *Literaturhilfe: WIKIPEDIA: Jakob und Wilhelm Scheiner; Siwiarchiv.de: Ausstellung Jakob Scheiner 1820-1911; Eduard Schneider-Davids: Jakob und Wilhelm Scheiner; Wikiwand: Jakob Scheiner; Wikipedia: Wilhelm Scheiner; Wikipedia: Julius Scheiner.*

Siegerländer Dialekt

– eine Anekdote

Das Siegerland ist eine kleine Sprachinsel. Der Ursprung unserer Sprache liegt im moselfränkischen Bereich. Oder so:

Als der liebe Gott die Sprachen schuf, waren fast alle Länder damit zufrieden. Die Bayern, die Friesen, die Hessen, die Schwaben – keiner hatte was zu meckern.

Nur die Siegerländer waren traurig. „Lieber Gott, hast du uns denn vergessen? Wie sollen wir denn sprechen?"

Gott war erschrocken, kratzte sich am Kopf, überlegte und sagte dann: „Ja, dann schwätzt doch so wie ich ..."

*Bruno **Steuber** hat sieben kleine Bücher mit überwiegend mundartlichem Inhalt geschrieben.*

Erinnerungen an die Schulzeit in geschichtsträchtiger Bildungsanstalt

Vier Festschriften, erschienen jeweils im Abstand von 25 Jahren, haben seit der 400-Jahr-Feier im Jahr 1936 die Geschichte des heutigen Gymnasiums Am Löhrtor (GAL) bis zum Jahr 2011 so ausführlich festgehalten, dass diese zusammengenommen durchaus auch als Schulchronik angesehen werden können.

Auch wenn es in Siegen schon seit dem 15. Jahrhundert eine höhere Schulbildung gegeben haben muss, begann die Geschichte des GAL am 15. Juni 1536, als der lutherische Magister Erasmus Sarcerius als Leiter der Siegener „Kinderschule" eingestellt wurde. Dass er auch Latein und andere Sprachen unterrichten sollte, deutet an, dass er an der bereits bestehenden Lateinschule tätig sein sollte, die in jenem Jahr in den Vorläufer des heutigen GAL, das Pädagogium, umgewandelt wurde.

Seit 1949 hieß die Schule „Städtisches Gymnasium". 1954 erhielt das Jungengymnasium an der Oranienstraße ein neues Gebäude und mit Dr. Gerhard Frotscher (1908-1989) einen neuen Schulleiter. Die 1957 zusammen mit der Turnhalle fertiggestellte Aula der Schule wurde zugleich zur kulturellen Zwecken dienenden „Bühne der Stadt Siegen". 1962/63 wurde der dreigeschossige Klassentrakt um eine Etage aufgestockt. Inzwischen trägt die Schule ihren heutigen Namen GAL. 1974 wurde Christian Thuß neuer Schulleiter. Auf ihn folgten 1996 Klaus Schütte und seit 2012 Dr. Reiner Berg.

Gerade einmal neun Jahre aus den inzwischen fast 500 Jahren Schulgeschichte kann ich, Wilfried Lerchstein (Jahrgang 1957), aus eigenem Erleben als Schüler Revue passieren lassen. Meine Einschulung in die Sexta VIa erfolgte im Sommer 1967. Einige Stationen meiner Gymnasialzeit habe ich im Ensslin-Schüler-Taschenbuch festgehalten, das ich mir jährlich gekauft habe. Diese Eintragungen waren sehr hilfreich,

Gymnasium am Löhrtor, Ansichtskarte 1954, Sammlung W. Lerchstein.

meine sonst doch schon teilweise sehr verblassten Erinnerungen auf-
zufrischen.

Im Februar 1969 durfte ich als bester Leser meiner Schulklasse
Quinta Va am jährlichen Schullesewettbewerb teilnehmen und kehr-
te hiervon immerhin um ein Taschenbuch reicher zurück. Am 3. Juli
1970 fand eine Klassenfahrt zur Saalburg und zum Flughafen Frankfurt Rhein-Main statt.

Weil ein Mitschüler auf zwei Blockflöten gleichzeitig vorspielen
konnte, war Musiklehrer Ludwig Winand so beeindruckt, dass die
Note 2 dabei heraussprang. Für die zweieinhalbstündige Matthäus-
Passion von Johann Sebastian Bach, die von der Evangelischen Kan-
torei Siegen unter der Leitung von Kirchenmusikdirektorin Almuth
Höfker aufgeführt werden sollte, wurden noch vor dem Stimmbruch
befindliche Kinderstimmen für den kurzen Auftritt des Knabenchors
gesucht, und so sah ich mich fortan regelmäßig bei den Proben in der
Nikolaikirche wieder.

Der Kunsterzieher Siegfried Vogt beeindruckte uns damit, dass er
mit dem Kreide geschwängerten Schwamm innerhalb einer Minute
einen ganzen Nadelwald oder ein menschliches Antlitz auf der Schul-
tafel entstehen lassen konnte.

Im Kunstunterricht des Kunsterziehers Wilhelm Heil habe ich mich
im April 1972 mit den *Naturmythen der Werbung* beschäftigt und hierzu ein Bild gefertigt zum Thema *Reklame manipuliert uns – wir ma-
nipulieren Reklame*. Unsere Bilder wurden auch nach Japan geschickt.

Am 5. Mai 1972 war ein Konzert des Siegerland-Orchesters in der
Schulaula ein großes Erlebnis. Große Ereignisse anderer Art waren immer alle Veranstaltungen in der Aula, an denen auch Abordnungen
des benachbarten Mädchengymnasiums teilnahmen. Die dann immer
schon im Vorfeld auftretende Aufgeregtheit beruhte übrigens auf Ge-
genseitigkeit.

Fehlende oder unvollständige Hausaufgaben oder sonstige Verfeh-
lungen wurden regelmäßig dadurch sanktioniert, dass dem betreffen-

den Schüler *die Luppohren lang gezogen* wurden. Das bedeutete, dass der Lehrer ihn an einem Ohrläppchen ergriff und dann langsam von seinem Stuhl nach oben zog, was durchaus als schmerzhaft bezeichnet werden muss. Aber auch noch schlimmere, heutzutage undenkbare Formen der körperlichen Züchtigung kamen seitens mancher Lehrer vor. Und dass einzelne Schüler *vor der versammelten Mannschaft* mit Worten bloßgestellt und lächerlich gemacht wurden, war leider im Schulalltag ebenfalls noch immer üblich. Nicht von ungefähr entstanden so Spitznamen wie zum Beispiel *Gifti* oder *Giftzwerg* für einen besonders gefürchteten Lehrer.

Aber auch wir Schüler untereinander waren nicht gerade zimperlich. Der Diercke-Weltatlas wurde des Öfteren als Schlagwaffe zweckentfremdet und landete regelmäßig – für einen entsprechenden Brummschädel sorgend – auf den Köpfen der Mitschüler. Dabei kristallisierte sich schnell eine *Hackordnung* heraus, wer so gut wie nie und wer besonders häufig zum Ziel solcher Attacken wurde. Auch kann ich mich noch an einen Klassenkameraden erinnern, der mit dem Allerwertesten voran so in einen Papierkorb gestopft wurde, dass er sich alleine nicht wieder aus dieser misslichen Lage befreien konnte. Er war auf das Erbarmen seiner Mitschüler angewiesen, die irgendwann doch bereit waren, ihn zu befreien.

Aber auch die Lehrer gerieten manchmal ins Visier der Schüler. Als wir eines Tages vor dem Chemieraum auf unseren neuen Chemielehrer warteten, kam ein vermeintlicher Oberstufenschüler den Gang entlang geeilt. *Versehentlich* wurde ihm dabei ein Bein gestellt, sodass er strauchelte und es ihm noch gerade so gelang, einen Sturz zu verhindern. Wie sich dann herausstellte, hatte er den Schlüssel zum Chemieraum und war unser neuer Chemielehrer. Anders als sein Name befürchten ließ, war er anschließend aber überhaupt nicht sauer.

Ein Lehrer, dessen offenkundige Hilflosigkeit in manchen Dingen wir – aus heutiger Sicht leider – immer wieder gnadenlos ausnutzten, war *Picco*. Seinen Schülern sind manche heiteren, aber auch viele tragikomischen Situationen in seinem Unterricht in Erinnerung geblieben. Er legte großen Wert darauf, zwei Zentimeter größer zu sein als Napoleon Bonaparte. Wir sprachen ihn stets *respektvoll* mit „Herr Oberstudiendirektor" an. Im Geschichtsunterricht notierte er eifrig in seinem Heft, wie er die gerade erbrachten mündlichen Leistungen seiner Schüler bewertete. Schon nach nur einem gesprochenen Satz war oft in alphabetischer Reihenfolge der nächste Schüler dran, den er dann zum Beispiel mit den Worten: „Lehmann, wo sitzt Lehmann?", aufrief. Es folgten „Leng", „Lerchstein" usw. ... Wir erreichten es immer wieder, ihn so aus der Fassung zu bringen, dass der Rest der Unterrichtsstunde für uns *gelaufen* war.

Wenn Picco zum Beispiel über Karl den Großen sprach, musste nur jemand einen Vergleich zu einem gewissen Adolf H. anstellen und danach ereiferte er sich dermaßen über diesen *Schicklgruber*, dass – ganz im Sinne der Klassengemeinschaft – an einen normalen Fortgang des Unterrichts nicht mehr zu denken war. Was wir sonst noch in unserem jugendlichen Leichtsinn alles mit Picco angestellt haben, war zwar in bierseliger Runde immer wieder Gesprächsstoff bei unseren späteren Klassentreffen, soll aber diesen Rahmen auch an dieser Stelle nicht verlassen.

Als Oberstudienrat i. R. Hans-Adolf Bröderdörp im Alter von 67 Jahren am 5. Juli 1977, fünf Jahre nach seiner Pensionierung, starb, würdigte ihn die Siegener Zeitung in einem Nachruf:

Wandertag 1972 mit Wilfried Lerchstein (Pfeil).

Wenn H. A. Bröderdörp auch manche Widerstände im Schulalltag
zu überwinden hatte, so versuchte er dennoch, seinem pädagogischen
Auftrag gerecht zu werden. Sichtbarstes Zeichen für die Verdienste des
Altphilologen war der Kontakt mit zahlreichen früheren Schülern, die
ihm Dank und Anerkennung nicht zuletzt auch für sein menschliches
Verständnis zollten.

Weil unser Favorit für den Titel *Klassenprimus* einmal leicht schwä-
chelte, wurde ich am 21. Juni 1972 nach der Zeugnisvergabe mit dem
Notendurchschnitt 2,0 als Klassenbester der Obertertia OIIIa mit
einem Buchgutschein vom Förderverein ausgezeichnet. Eher durch-
schnittlich waren meine Leistungen im Schulsport. Beim Schul-
schwimmen im benachbarten städtischen Löhrtor-Hallenbad kam ich
über das Brustschwimmen nie hinaus. Und unser Sportlehrer Siegfried
Sibbi Krause musste mir beim Turnen am Reck des Öfteren *Hülfestel-*
lung geben. Fußball und Leichtathletik machten mir dagegen deutlich
mehr Spaß. Meine notierten Ergebnisse beim Schulsportfest am 19.
September 1972 im Leimbachstadion: Weitsprung 4,55 m, Kugelsto-
ßen (5 kg) 7,05 m, 1.000-m-Lauf 3:41,0 min und 100-m-Lauf 14,3
sek. Später bot Sportlehrer Heinz Hermann zusätzlich eine Handball-
AG an, an der ich gerne teilnahm.

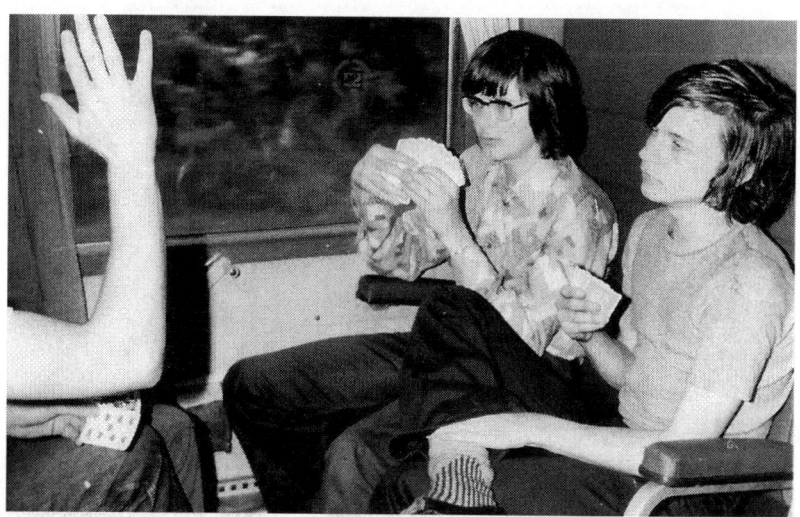

Skatspiel im Zug nach Bamberg während der Klassenfahrt 1973.

Vom 30. Mai bis 4. Juni 1973 führte mich unsere Klassenfahrt nach Bamberg, wo wir in der Jugendherberge untergebracht waren und unter der *strengen* Aufsicht von Wilhelm Schray und Hans-Robert Kreutz standen. Das Schlenkerla-Rauchbier ist noch in guter Erinnerung geblieben. Unsere Topp-Sportler sorgten oft für Aufsehen, überquerten sie doch manchen Zebrastreifen im Handstand.

Am 1. August 1973 wurde mein jüngerer Bruder Achim (Jahrgang 1962/Abitur 1982) in die Sexta VIb eingeschult. Den Schulweg konnten wir danach oft gemeinsam, zu Fuß oder mit dem Fahrrad, zurücklegen.

Nach einem Fußballspiel am 14. August 1973 auf dem Waldsportplatz in Bürbach lud uns anschließend unser Deutschlehrer Walter Thiemann in sein Haus ein. Im Winter waren wir einmal auf die Idee gekommen, die Fenster im Klassenraum auszuhängen, um zu testen, wie er beim Betreten des Klassenzimmers wohl darauf reagieren würde. Diese Aktion klappte auch ganz gut, bis auf den Umstand, dass ein Fenster dabei zu Bruch ging. Als Herr Thiemann die Klasse betrat, ließ er sich nichts anmerken und begann ganz normal mit seiner Deutschstunde. Schon bald holten sich die ersten frierenden Klassenkameraden im Flur ihre Parkas. Der Lehrer, der inzwischen sicher auch fror, fragte bloß: „Ist was?" Unsere Klassenkasse litt anschließend sehr darunter, den entstandenen Schaden ersetzen zu müssen.

Gruppenfoto 1973 vor der Klosterkirche auf dem Michaelsberg in Bamberg.

Herrn Thiemann hatten wir es übrigens zu verdanken, dass er uns später in einem Literatur-Kurs u. a. mit Schriftstellern wie Alfred Andersch, Heinrich Böll, Günter Grass, Siegfried Lenz und Peter Weiss vertraut machte. Im offiziellen Geschichtsunterricht haben die Jahre 1933 bis 1945 ja leider nicht im aus meiner heutigen Sicht gebotenen Umfang stattgefunden.

Der 29. Mai 1974 brachte ein besonderes Highlight. Als der britische, auch für seinen Big-Band-Sound bekannt gewordene Blues-Musiker Alexis Corner für ein Konzert in der Schulaula probte, wo auch der WDR für Aufnahmen anwesend war, ließ der Jazzfan Klaus Zarmutek spontan den Englisch-Unterricht ausfallen, damit wir uns dieses Ereignis nicht entgehen lassen mussten. In lockerer Atmosphäre sprach der Musiker sogar mit uns. Als Lehrer war Herr Zarmutek auch sonst sehr fortschrittlich. Im Englisch-Leistungskurs durften wir in kleinen Gruppen eigenständig zu selbst gewählten Themen arbeiten. Die Ergebnisse wurden anschließend dem gesamten Kurs präsentiert. Allerdings musste ich mich bei Herrn Zarmutek dann bis zum schriftlichen Abitur auch an Gedichtinterpretationen von Emily Dickinson, einer bedeutenden amerikanischen Dichterin des 19. Jahrhunderts, abarbeiten, was ich nicht ganz so prickelnd fand.

Am 18. Februar 1975 übte die *Frankreich*-Gruppe nach einer Wanderung zur Obernau-Talsperre bei zwei anschließenden Kneipenbesuchen schon einmal für die Abschlussfahrt ans Mittelmeer. Gleiches galt am 5. Juni 1975 für eine Besichtigung der Irle-Brauerei mit anschließender Schulfete.

Vom 26. bis 28. März 1975 wurde mir die verantwortungsvolle Aufgabe zuteil, ausgestattet mit einem Schulschlüssel in den Osterferien in der Schule die Mäuse zu füttern, die wir im Biologie-Unterricht züchteten, als wir uns mit den drei Mendelschen Regeln der Vererbungslehre beschäftigten.

Sich mit den baulichen Gegebenheiten der Schule, insbesondere der Schulaula und ihren Notausgängen, gut auszukennen, war für mich am 20. Juni 1975 von großem Vorteil. Mir bereits im Vorverkauf eine Eintrittskarte für das abendliche Konzert der britischen Rockband

UFO zu besorgen, hatte ich leider verpasst. Es gelang mir aber auch so, mir rechtzeitig Zugang in die ausverkaufte Stadtbühne zu verschaffen und live dabei zu sein.

Für den 8. Juli 1975 hatte Petra Eckstein, die junge Lehrerin unseres Erdkundekurses, eine Tagesfahrt in das Braunkohleabbaugebiet in der Ville organisiert.

Vom 6. bis 17. September 1975 fand mit den Lehrern Hans-Joachim Flock und Georg *Schorsch* Göke, dem am 4. April 2023 verstorbenen Lehrer meines Biologie-Leistungskurses, unsere Studienfahrt nach Südfrankreich statt. Die dortigen Erlebnisse unterwegs und auf den Zeltplätzen bieten genug Stoff für einen eigenen Aufsatz.

Am 5. Dezember 1975 wurden im Biologie-Unterricht Kuhaugen seziert und ich konnte gerade noch der Versuchung widerstehen, hinterher in Siegen den Briefkasten eines unliebsamen Nachbarn hiermit zu bestücken.

Von meinem letzten Schuljahr ist noch erwähnenswert, dass am 9. Februar im Jugendzentrum Siegen eine Oberstufenfete gefeiert wurde, wir am 11. und 13. Februar bei Rosi Mittermaiers erfolgreicher Teilnahme an den alpinen Skirennen während der Winterolympiade in Innsbruck in der Schule im Fernsehen mitfiebern durften und am 6. März mit den Biologie-Kursen nach Münster (u. a. Allwetter-Zoo) gefahren sind.

Bald darauf standen für mich vom 12. bis 21. Mai 1976 an vier Tagen die Abiturprüfungen an, schriftliche Arbeiten in den Leistungskursen Biologie und Englisch sowie dem Mathematik-Grundkurs und das mündliche Abitur in Erdkunde.

Nachdem diese Termine einigermaßen erfolgreich überstanden waren, wurde am 26. Mai bei Freudenberg in der Gravenhorst'schen Hütte mit dem Biologie-Leistungskurs gefeiert und übernachtet. Hier stellte Schorsch Göke übrigens fest, dass er es im Nachhinein als Fehler ansah, sich mit uns als seinen Oberstufenschülern geduzt zu haben, auch wenn man abends oft in derselben Musikkneipe wieder aufeinandertraf. Dadurch sei in gewissen Situationen die nötige Distanz zwischen Lehrer und Schülern nicht mehr im ausreichenden Maße gegeben gewesen.

Am 29. Mai habe ich dann noch den Tag der offenen Tür im GAL besucht und am 3. Juni im Zeughaus in Siegen mit den Lehrern Fritz Schneider und Wilhelm Schray ein Treffen der früheren Sexta VIa veranstaltet.

Meine Schullaufbahn endete dann am 26. Juni 1976. In der Schule habe ich an diesem Tag mein Abiturzeugnis erhalten und anschließend gab es dort noch ein Sektfrühstück. Und die abendliche Waldfete auf dem Haardter Berg durfte ich natürlich auch nicht verpassen.

Auch wenn für mich derzeit in meinem Leben zum Beispiel das erlangte *Große Latinum* oder zwei Jahre Russisch-Unterricht mit dem Erlernen der kyrillischen Schrift kaum noch unmittelbare Wirkung entfalten, so bin ich doch dankbar dafür und überzeugt davon, dass mir die neun Jahre am GAL und die Lehrer, denen ich in dieser Zeit anvertraut war, in erheblichem Umfang das notwendige Rüstzeug für mein späteres Erwachsenenleben mit auf den Weg gegeben haben.

Und so wünsche ich mir, dass es mir hoffentlich vergönnt sein wird, im Jahr 2036 auch die 500-Jahrfeier dieser traditionsreichen Bildungsstätte in meiner Heimatstadt Siegen noch mitzuerleben.

Wilfried Lerchstein: Im Mai 2024 67 Jahre alt geworden. Hobbys: Heimatforscher, Philatelist, Amateurfotograf.

Die Geschichte vom
Sejerländer Riewekooche

Als der Alte Fritz be-
schloss, der Bevölkerung
die Kartoffel näherzu-
bringen, ahnte er nicht,
was diese Entscheidung
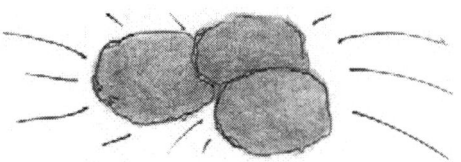
für Folgen auslösen würde. Er hatte schon immer Kontakt zu hoch-
gestellten Persönlichkeiten in Südamerika. Als er wieder einmal einen
Gesandten aus diesem Land mit Erläuterungen zu einer merkwürdigen
Knollenfrucht empfangen hatte, stand für ihn fest: „Dott konn mir
och!" – Das können wir auch! Er befahl seinen Hofgärtnern Bertram
von Kampewackes und Hilbert Gluckebushard, ein Stück hinterm
Schloss Sanssouci urban zu machen und dort die neue Knolle anzu-
pflanzen. Aber so, dass er die Fläche aus seiner Kemenate immer im
Blick hatte. Nach einer gewissen Zeit ohne besondere Vorkommnisse
ließ er das Feldstück noch mit Wachen besetzen.

Unter diesem Wachpersonal war auch einer namens Geisweid aus
Fernwald im Siegerland. Er hatte die ganze Sache mit der Kartoffel
schon im Vorfeld mitbekommen und war gespannt, was aus der ganzen Sache nun werden würde. Der Alte Fritz hatte den Wachmann-
schaften nämlich ausdrücklich befohlen, wenn Personen heimlich ein
paar Kartoffeln von seinem Feld holen wollten, diese gewähren zu lassen. Das einfache Volk war der Meinung, wenn ein König schon eine
Knolle, die man essen konnte, bewachen ließ, dann musste das schon
etwas ganz Besonderes sein.

Ebenso schickte der Alte Fritz Boten mit der Knolle in sein Land,
damit die Knolle schneller verbreitet wurde. So beauftragt er auch den
Wachmann Geisweid aus Ferndorf, die Knolle ins Siegerland zu bringen. Er gab ihm ein Begleitschreiben zur genauen Handhabung der
königlichen Knolle mit. Die sollte er im Gemeindebüro in Ferndorf

dem Gemeindevorsteher Ewald Schreiber (Ohlener) abgeben. Natürlich hatte Geisweid schon ein paar schöne Kartoffeln aus dem Beutel genommen, die er seiner Frau zur Einpflanzung geben wollte, bevor er das Schreiben und die restlichen Kartoffeln dem Gemeindevorsteher übergab.

Der Gemeindevorsteher Schreiber mokierte sich über die Schreibweise des Alten Fritz, der in Hochdeutsch die Botschaft geschrieben hatte und nicht in *Sejerländer Platt*. Die Botschaft lautete:

Es kommt was auf Sie zu!
Alter Fritz, König von Preußen.

Der Gemeindevorsteher machte sich sofort daran, die Kartoffeln zu verteilen. Dabei musste auch die Parteizugehörigkeit eine Rolle gespielt haben, denn die Kartoffeln wurden nur auf einschlägig zugehörigen Feldern gepflanzt. Natürlich wurden die bepflanzten Felder heimlich von Ferndorfern besucht, die den einen oder andere Kartoffelstrauch mitnahmen, um ihn bei sich im Garten einzupflanzen. Mit der Zeit sah man in allen Gärten die Kartoffelsträucher wachsen.

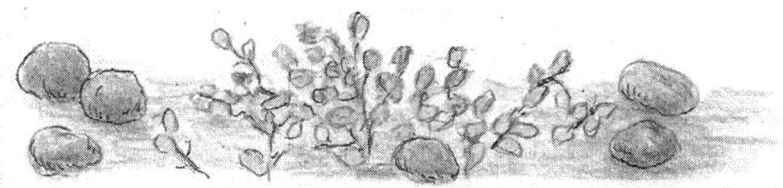

Bald machte man sich in Ferndorf daran, etwas aus der neuen Knolle zu machen. Man hielt sich genau an die Anweisungen – und siehe da, ein Blätterwerk mit Kartoffeln war das Ergebnis. Jetzt versuchte man, durch besondere Düngung wie Kuhmist, Pferdemist, Ziegenmist, Schafsmist und sogar Hühnermist die Kartoffel zu vermehren und zu vergrößern.

Es ist bis heute nie ganz geklärt worden, wie es den Ferndorfern gelungen ist, so große Kartoffelexemplare zu züchten. Einige sehen den Grund für die großen Kartoffeln in der Feldlage wie dem legendären *Hasegedaeng*, eine Flurbezeichnung in Ferndorf. Hier wurden übrigens die mehlig kochenden Kartoffeln gezüchtet und auf der gegenüberliegenden Winterseite *Vorm Berge* wuchsen die festkochenden Kartoffeln. Tatsache ist aber, dass ein schlauer Kopf unter Bollmehl – Futtermehl – immer eine gewisse Menge Backpulver untermischte und diese Mischung über das Kartoffelfeld ausstreute. So erreichte er, dass die Kartoffeln immer größer wurden. Es heißt bis heute immer noch *Ferndorfer decke Duffeln* – Ferndorfer dicke Kartoffel. Zu den Kartoffeln aus den umliegenden Dörfern sagten die Ferndorfer: „Dat Geräbbel us dä Nochberschaft."

Aber nun zu den Reibekuchen:

Jeder muss wissen, dass vor dem Verzehr die Kartoffeln gesäubert, dann gekocht und anschließend gegessen werden. Durch Zufall hatte man in einem Ferndorfer Haushalt ein paar übrig gebliebene, gekochte Kartoffeln unter einem Tuch auf eine Ofenbank gelegt, damit die Fliegen nicht an die Kartoffeln gehen. Das Tuch hatte man wegen der Fliegen über die Kartoffeln gelegt. De Mamme – Mutter – hatte nicht aufgepasst und setzte sich auf das Tuch. Natürlich wurden die Kartoffeln zerdrückt und man bemühte sich, die einzelnen zerdrückten Kartoffeln aufzusammeln. Nichts durfte zurückbleiben, denn die Kartoffeln waren zu wertvoll.

Da gerade kein Teller vorhanden war, sagte de Mamme zom Babbe – Vater: „Hurl mer mo de Pann, ech do dou de Duffeln reh." – Vater bring mir einmal die Pfanne, da tue ich die Kartoffel rein. Der Babbe tat, wie ihm geheißen, und so schob de Mamme die platten Kartoffeln in die heiße Pfanne, die sofort am Braten waren. Aufs Herdfeuer gesetzt, verbreitete sich ein bis dahin noch nie erlebter einmaliger Duft in der Stube. Es störte auch nicht, dass einige ganz dünne Scheiben schwarze Ränder bekamen. Eine neue Variante der Kartoffel war entstanden.

In der Ferndorfer Nachbarschaft und in der Verwandtschaft verbreitete sich schnell das Rezept für die Bratkartoffeln, welche im Laufe der Zeit immer neue Variationen erlangte. Noch heute gibt es in der Schweiz über 50 verschiedene Varianten der Kartoffelzubereitung. Jedenfalls nicht nur in Ferndorf wurden die Bratkartoffeln zu einem festen Bestandteil des Speiseplans. Wenn es Abend wurde, kam die große Pfanne mit Bratkartoffeln auf den Tisch und man aß gemeinsam aus der Pfanne. Im Laufe der Zeit wurden die Kartoffeln in unterschiedliche Stücke und Scheiben geschnitten, sodass immer neue Variationen aus der Kartoffel entstanden: Kartoffelsalat, Fritten, Macaire-Kartoffeln, Kroketten ...

Eine bekannte Arbeitsstätte zur damaligen Zeit war das Eichener Walzwerk oder Om Hamer (Hüttenwerke Siegerland), wo auch Ferndorfer ihr Brot verdienen mussten. Hier wurde Blech auf unterschiedlichste Art verarbeitet und geformt. Als eines Tages der Scheffe Karl aus Ferndorf, der für das Verbinden von einzelnen Blechteilen zuständig war, wieder einmal mit dem Hammer und Dorn ein Loch für die Verschraubung geschlagen hatte, bemerkte er, dass eine Seite des geschlagenen Lochs spitz und scharf war. Er dachte sich: „Wenn ich eine entsprechende Blechgröße mit diesen Löchern versehe, könnte man darauf doch Kartoffeln reiben und dann braten."

Das war der Urgedanke des *Sejerlänger Riewekooche*. Nach verschiedenen Versuchen hatte er endlich die richtige Form und zeigte sie der Obrigkeit. Doch der Herr Direktor zeigte wenig Interesse an dem Blechstück. Er sagte zum Karl: „Datt es zo klang dobet konn mer kinn Gäld verdehn!" – Das Blech ist zu klein, damit lässt sich kein Geld verdienen. Karl ließ sich aber nicht entmutigen und zeigte seiner Frau ein Exemplar. Sie war begeistert, konnte sie doch jetzt die Kartoffeln richtig klein reiben.

Jedenfalls musste Karl jede Menge Reiben herstellen und so kam es, dass Karl eine eigene Abteilung im Werk bekam. Natürlich macht eine Reibe noch kein Reibekuchen, aber das kam dann auch noch. Erst rieb Karls Frau rohe Kartoffeln, die dann in der Pfanne gebraten wurden. Nach und nach wurden Salz, Pfeffer, Zwiebelwürfel und Speckwürfel zugegeben. Manchmal hat man auch ein paar Kräuter untergemischt.

Der eigentliche Durchbruch kam, als man ein paar Eier, Mehl oder körnige Haferflocken unter den Teig mischte und dadurch einen Kartoffelteig herstellte. Viele Varianten sind bis heute entstanden und *dä Riewekooche* hat sich als *Sejerlänger Verständigung* außerhalb Ferndorfs durchgesetzt. Wenn der Ruf ertönt: „Riewekooche", dann weiß jeder sofort, dort sind Siegerländer und man hat das Gefühl zu Hause zu sein.

Wenn man einmal ins Obere Schloss kommt, sollte man auf den Fußboden achten, von dem man sagt, „datt es en Riewekoochebouren" – das ist en Reibekuchenboden, weil – gibt, weil die senkrecht eingelassenen Steinplatten an Reibekuchen erinnern. Diese Bodenstruktur gibt es noch in alten Häusern in den Siegerländer Dörfern.

Auch die Handhabung der Frisbeescheibe hat ihren Ursprung durch die Form der Reibekuchen. Als damals Wilhelm, genannt der Schweiger, sein Heer auf der Ginsburg zur Befreiung der Niederlande zusammenzog, wurde jede Person mit 20 harten Reibekuchen ausgerüstet. Sie waren schmal und nahmen wenig Platz in einem Tragebeutel ein.

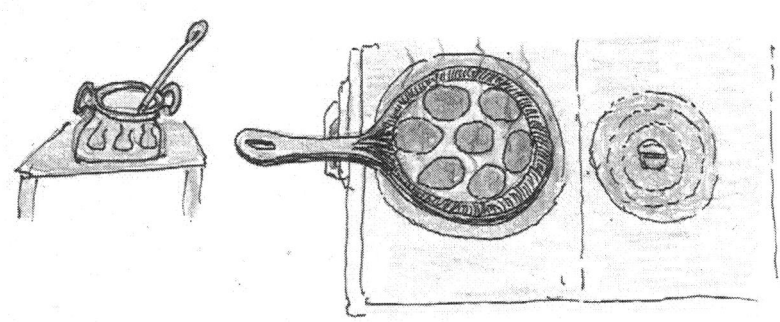

Für den Marsch in die Niederlande wurde jedem erlaubt, bei Bedarf maximal fünf Reibekuchen zu verzehren. Als man auf die Spanier traf, hat man die restlichen Reibekuchen auf die Spanier wie Frisbeescheiben geworfen und somit den Sieg errungen. Nach dieser Schlacht ist bei der Siegesfeier der *Herewkooche* – Kartoffelkuchen – entstanden und wird in den Niederlanden heute immer noch zum Jahrestag der Befreiung von den Spaniern gebacken und hat auch bei uns im Siegerland eine lange Tradition. In den Niederlanden zählt zu den höchsten Auszeichnungen: Riew on da Werf – Reibe und dann werfe.

Eine bekannte Firma für Mähdrescher hat ein Gerät entwickelt, was mithilfe eines Traktors für große Gesellschaften Reibekuchenteig maschinell herstellen kann. Vom Kartoffelschälen über die Erstellung des Teiges wird alles maschinell erstellt und sorgt somit für eine große Arbeitserleichterung. Das Besondere an dieser Einrichtung ist, dass man auch damit *Ferndorfer decke Duffeln* – Ferndorfer dicke Kartoffeln – verarbeiten kann.

Hier das Rezept der Sejerlänger Riewekooche:

1 kg Kartoffeln, vorwiegend festkochend
1 Stück Zwiebel. Alles mixen

2 Stück Eier
circa 1,5 Teelöffel Salz
etwa eine Prise weißen Pfeffer
2 Esslöffel kernige Haferflocken für die Bindung unterheben.

Alles mixen und in Butterschmalz ausbacken.

Friedrich Hahn lebt in Netphen-Nenkersdorf.

Ferndorfer decke Duffeln

Die Kartoffel werden mittels Hebezeug aus der Erde gehoben und dann vorsichtig auf den Kartoffelwagen verladen. Ab und zu kann es auch einmal vorkommen, dass man in Ferndorf einen lauten Knall

Kartoffelernte in Ferndorf.

Herstellung von Duffelschalen-Blech.

hört, dann musste eine Kartoffel aus dem Feld gesprengt werden. Wegen der Größe und des Gewichtes können maximal zwei Kartoffeln aufgeladen werden.

Es wird gemunkelt, es würden Versuche in Benders Fabrikhallen (ehemals Röhrenfabrik Gebrüder Bender in Ferndorf) mit Ferndorfer Duffelschalen als Dach und Wandbedeckung durchgeführt und man wäre auf dem besten Wege auch mit den Kartoffelschalen zu einem positiven Ergebnis zu kommen.

So ist es in Ferndorf und „eh d'r Stadt" – in Siegen zu hören.

Friedrich Hahn lebt in Netphen-Nenkersdorf.

Wohnung
auf dem Bunkerdach

Meine Eltern zogen 1954 mit uns Kindern vom Dorf in die Oberstadt in die Burgstraße in eine Neubauwohnung. Für uns war die Wohnung etwas Besonderes – ein Badezimmer mit einer Badewanne und einer Toilette in der Wohnung und ein eigenes Zimmer für uns Kinder. Schon bald kaufte mein Vater ein Auto und baute eine Garage in unmittelbarer Nähe der Bunker in der Burgstraße.

Meine Mutter hatte sich mit einer jungen Frau, die in einer Wohnung auf dem Dach des Bunkers wohnte, angefreundet. Ab und zu kaufte sie einiges für die Familie ein, was ich dann zu der jungen Frau brachte.

Dazu schellte ich an der Bunkertür und mir wurde vom Dach des Bunkers der Schlüssel in einem Säckchen hinuntergeworfen. Dann schloss ich die Tür auf und wieder ab. Inzwischen war das Licht schon angemacht, sonst wäre es stockdunkel im Flur gewesen. Das Licht wurde durch eine Zeitschaltuhr gesteuert, man hatte aber genügend Zeit, die drei Stockwerke bis zur Wohnung hinaufzugehen.

Einmal jedoch hatte ich wohl getrödelt, denn plötzlich ging das Licht aus und es war stockdunkel. Ich schrie laut, aber schon im nächsten Moment ging das Licht wieder an und ich bekam, als ich in der Wohnung ankam, ein Tasse Kakao auf den Schreck.

Ich hatte dieses Kindheitserlebnis schon lange vergessen, bis auf den Tag, als ich vor ein paar Jahren bei einer Bunkerführung im großen Bunker dabei war. Während wir auf dem Weg nach oben waren, ging plötzlich das Licht im Treppenhaus aus. Es wurde zwar nicht stockdunkel, weil der Führer eine Lampe dabei hatte, aber trotzdem erinnerte ich mich auf einmal wieder an mein Erlebnis aus der Kindheit.

Ich weiß nicht, ob dieses kleine Erlebnis als Geschichte für das Buch reicht, aber kaum einer weiß heute noch, dass es einmal auf dem Dach des großen Bunkers in der Burgstraße in Siegen eine Wohnung gab.

R. S.

Eichen im
abnehmenden Mond geschlagen

Immer wieder sieht man Menschen vor alten Fachwerkhäusern verweilen, die zum schönsten Schmuck unserer Siegerländer Landschaft gehören. Seit Jahrhunderten stehen diese Zeugen heimatlicher Baukunst. Herrlich heben sich oft die geschnitzten Verzierungen und Inschriften aus dem Gebälk hervor.

Erblickt man nun noch die Jahreszahl der Erbauung, wird man nachdenklich. Wie ist es möglich, dass diese alten Fachwerkhäuser noch so fest und dauerhaft stehen, während andere, viel später erbaute Stein-

Traditionelle Fachwerkhäuser der Region in der Altstadt von Freudenberg im Siegerland.

oder Fachwerkgebäude längst zerfallen sind? Woher kommt die Härte dieser Eichenbalken, in die man heute keinen Nagel mehr schlagen kann? Haben die Zimmerleute früher eine besondere Methode besessen? Steckt vielleicht ein Geheimnis dahinter?

Bei näherer Betrachtung und mühevollem Nachschlagen in der Literatur erfährt man mehr über die Kenntnisse und das Wissen unserer naturverbundenen Vorfahren. So schreibt bereits der große Philosoph und Naturforscher, der Grieche Theophrastos (372-287 v. Chr.) in *libro de tempere*:

Ein jedes Holz, das gefellt oder abgehawen wird im Babamischen Zeichen, das ist wenn die Sonne im Stier, Steinbock oder Jungfrawn ist, (denn das sein irdische Zeichen), das wird nicht wurmstichig, faulet auch nicht balde, sondern weret zum allerlensten. Es muss aber im abnehmenden Monden geschlagen werden ...

Auch die uralten Siegerländer Fachwerkhäuser sind aus Eichen gezimmert worden, die bestimmt im Winter bei abnehmendem Monde, also im alten Lichte, geschlagen worden sind. Leider sind die Erkenntnisse der alten Baumeister über diese dauerhafte Fachwerkbauweise seit Langem verloren gegangen und finden längst keine Beachtung mehr. Interessant ist aber, dass bei vielen Menschen das junge Licht die Ursache zu ihren geistigen und seelischen Schwankungen im Verhalten gegenüber der Umwelt ist. Die uralte Erkenntnis unserer Vorfahren kommt hier jedoch auch heute noch zum Ausdruck. Wie hieß und heißt es doch im Siegerland, wenn beeinflussbare Menschen diese Zustände haben: „M'r ha wirrer jong Licht."

Heinrich Kocher, von 1840 bis 1860 Lehrer in Müsen, hat sich mit der Mondphase und deren Auswirkung beim Holzabschlag befasst und wollte hierzu Unterlagen zusammentragen. Er machte deswegen eine Umfrage bei allen Bau- und Zimmermeistern, Holzhändlern und Forstbeamten im oberen Siegerland. Nur von Zimmermeister Scheib (Hilchenbach) erhielt Kocher eine positive Antwort.

Dieser war nämlich im Besitz einer alten Zunfturkunde, woraus eindeutig hervorging, dass Zunftmitglieder streng angehalten wurden, *ehrbarlich und treulich Werk zu schaffen und nur Bauhölzer aus altem Licht zu verarbeiten bei Bußstraf im Verstoßfalle.* Scheib selbst hat aus überkommener Vater- und Meisterlehre und aus eigener Erfahrung an diesen uralten Lehren noch festgehalten, es aber bedauert, *dass dieses Brauchtum zum Schaden des Volksvermögens heute gänzlich übersehen werde.* Und dies war vor 150 Jahren.

Auch der Steiger Hermann Schür aus Müsen befasste sich mit diesem Thema. Ihm sind durch Zufall alte Lagerbücher aus dem 17. und 18. Jahrhundert in die Hände gekommen, aus denen hervorgeht, dass Lieferanten mit einer Vertragsstrafe belegt werden, die Grubenhölzer, die im neuen Monde geschlagen worden sind, anliefern.

Die alten Gewerke wussten also genau, dass Holz, was im alten Mond geschlagen worden war, viel besser und haltbarer ist als aus dem neuen Mond. Schriftliche Hinweise an die Verwaltung der Grube Stahlberg, dem alten Brauch im eigenen Interesse, doch wieder mehr Beachtung zu schenken, sind damals unbeachtet geblieben. Kocher und Schür, also Erzieher und Bergmann, haben später mit Versuchen in alten Stollen klare Beweise erbracht. Nämlich, dass im alten Mond geschlagenes Bau- und Grubenholz viel fester und dauerhafter ist und somit bedeutend wirtschaftlicher sei als im neuen Mond gefälltes Holz.

Aber auch im Siegerland gibt es Beispiele. Da war in Bürbach eine alte Scheune, die zu dem Areal mit Hausname *Schäferliese* gehörte. Sachverständige legten das Baujahr auf den Anfang des 17. Jahrhunderts. Das Eichenholz, was hier verwendet wurde und unverwüstlich ist, war bestimmt im alten Licht geschlagen worden.

Auch das Wohn- und Gasthaus, was in den 1880er-Jahren abgebrochen ist, war ein uraltes, strohgedecktes Fachwerkhaus. Das Eichenholz war noch kerngesund und wurde daher wieder als Deckenbalken für ein neu errichtetes Backsteinhaus verwendet. Da es nicht reichte, wurden für den fehlenden Rest Deckenbalken aus neuem Eichenholz verwendet. Das zum Neubau benutzte alte Holz blieb auch weiterhin gesund und widerstandsfähig. Dagegen wurden die neu verwendeten Balken bald vom Schwamm und Holzwurm befallen und mussten ausgewechselt werden. Bestimmt war das alte Holz im Gegensatz zum neuen im alten Licht geschlagen worden. Bei Neumond steigen die Säfte in den Bäumen, das weiß man genau. Sollten nun für Fäulnis und Wurmbefall die Ursache darin liegen, weil das Holz im steigenden Saft geschlagen ist?

Der Mond spielt bei vielen alten Regeln für die Holzfällung die Hauptrolle. Was für Auswirkungen bzw. für Anziehungskraft der Mondstand hat, sollen zwei andere Beispiele zeigen. Da kann man in den Gruben immer wieder beobachten, dass der Wasserspiegel bei neuem Monde etwas steigt. Früher wurde im Siegerland in den meisten Häusern Sauerkraut noch selbst hergestellt. Das klein gehaspelte Kraut kam mit Zugaben in einen hohen Steintopf und wurde mit einem beschwerten Holzdeckel abgedeckt. Bei jungem Lichte hob sich dieser Sauerkrautdeckel etwas und ging bei altem Lichte, wie der Wasserstand in den Mienen, wieder zurück.

Als weiterer Siegerländer Beweis soll das alte Wurmbachhaus dienen. Es ist 1734 erbaut worden und stand einst auf der Sieghütte im Hauptweg 81. Sein Platz war neben dem Siegener Hüttenwerk und diente den Hüttenmeistern als Wohnhaus. Ständig war es gewaltigen Erschütterungen von den Hämmern ausgesetzt und wurde dennoch nicht baufällig wie andere, später erbaute Nachbarhäuser. Denn seine Gefache waren aus Eichenbalken gezimmert, die ganz gewiss im abnehmenden Mond geschlagen worden sind. Das Haus war nicht unterkellert und stand, weil davor und dahinter ein Graben war, im Frühjahr und Herbst oft tagelang unter Wasser. Auf Felsenstein lagen die aus Eichen geschlagenen Grundbalken frei im Boden. Das ständige Grundwasser hat 170 Jahre gebraucht, bis diese Balken anfaulten und durch Untermauerung ersetzt worden sind.

Wie ist es eigentlich möglich, dass diese Eichenbalken ohne Konservierungsmittel, die unsere Vorfahren ja nicht kannten, so lange in freier Erde und im Grundwasser halten konnten? Warum bohrt in den Balken dieser alten Fachwerkhäuser kein Holzwurm und kein Schwamm findet hier Eingang? Dieses ehrwürdige Haus stand noch bis zu jenem verhängnisvollem 16. Dezember 1944, als Siegen mit seinen vielen herrlichen alten Fachwerkhäusern in Schutt und Asche gelegt wurde.

Es scheint sich zu bewahrheiten, dass es sich bei den alten Holz-schlagregeln unserer Vorfahren nicht um Aberglaube gehandelt hat, vielmehr war es uralter Brauch, der sich auf klugen Naturkenntnissen unserer Ahnen aufbaute und zu unserem Schaden längst in Vergessenheit geraten ist.

Heinz Bensberg: *Geboren wurde ich am 6.11.1939 in Dahlbruch, Kreis Siegen (NRW), wo ich auch heute noch wohne. Dahlbruch ist 1969 bei der Gemeindegebietsreform nach Hilchenbach eingemeindet worden. Im Stadtrat von Hilchenbach war ich viele Jahre als Ratsmitglied tätig. 2003 wählte man mich zum Ortsheimatpfleger von Dahlbruch. Zu den Aufgaben eines Ortsheimatpflegers zählt es auch, wenn möglich, das Historische des Ortes und der Region festzuhalten. Aus diesem Grunde habe ich von Dahlbruch und dem Ferndorftal etwas aus den vergangenen Tagen aufgelistet. Aber auch aus dem Siegerland wird über Vergangenes berichtet.*

Mutprobe
oder die Loci-Methode

Mein persönlicher Albtraum ist genau jetzt und hier. Ich schließe die Augen. Jemand räuspert sich. Papierrascheln. Konzentration. Nicht von dem Haus vor mir ablenken lassen, denn da muss ich durch. Vor allem darf ich mich nicht verlaufen. Ich muss schnell sein. Nichts vergessen. Kein Detail. Wenn ich es nicht schaffe, kann ich meine Zukunft knicken. In Gedanken schultere ich eine pinkfarbene Tasche mit der Zahl 7 und betrachte das Haus.

Die Überdachung ähnelt einer Pyramide und die Türklinke sieht aus wie ein Zeh, auf dem die beiden Buchstaben G und I stehen. GI-Zeh. Wer sich das ausgedacht hat, ist verrückt. Also ich.

Die Überdachung ähnelt einer Pyramide und die Türklinke sieht aus wie ein Zeh – GI-Zeh.

Mit geübtem Griff packe ich die Türklinke in meine Tasche. Erledigt. Sogleich verwandelt sich die 7 in eine 6.

Ohne weiter darauf zu achten, drücke ich die klinkenlose Tür auf und trete ein. Jetzt heißt es aufpassen.

Ich stoße gegen eine herabhängende Ranke und schiebe sie zur Seite. Das hier ist kein Zimmer, sondern ein Garten. Einatmen. Logik vergessen. Sie bringt mich nicht weiter. Nicht hier.

Da entdecke ich mitten in einem Blumenbeet ein halbes Bild. Halb? Ach ja, semi. Das Bild zeigt Semiramis mit einem Baby. Warum wedelt sie mit Geldscheinen vor dem kleinen Gesicht?

Ich erinnere mich. Das Geld ist Lohn. Lon.

Eilig stecke ich das Bild ein. 5.

Warte!

Dieser Garten verbirgt noch mehr, da bin ich sicher. Dann sehe ich sie. Die Alpenrosen. Rhododendron. Statt auf dem Boden zu wachsen, formen sie einen kolossalen Mann, der breitbeinig über die Zimmerdecke emporragt. Mit einer schnellen Handbewegung stecke ich eine der Blumen in die Tasche. 4.

Das alles dauert zu lange. Die Uhr läuft weiter mit kaum wahrnehmbarem *Tick, Tack, Tick.* Trotzdem geht sie mir auf den Wecker.

Ich schlüpfe zwischen den Männerbeinen hindurch und gelange in einen Kunsttempel. Überall hängen Gemälde, die ich nur flüchtig betrachte. Sie sind unwichtig. Es genügt zu wissen, dass es Kunst sein soll. Art. Richtig. Artemis. Eins der Bilder wandert in die Tasche. 3.

Hier bin ich fertig.

Nein, in diesem Zimmer ist noch was. Aber was? In diesem blöden Raum hängen so viele Bilder wie im Louvre und es ist nicht egal, welches davon ich einpacke.

Langsam schlendere ich die Wände entlang. Die Bilder sind schwarz. Nichts ist darauf zu sehen. Verdammt.

Im Rhythmus der tickenden Uhr strahlt mir ein Licht entgegen. Schwarz. Licht. Schwarz. Licht.

Natürlich.

Ich renne auf das Bild in der rechten Zimmerecke zu und betrachte es genauer. Es zeigt eine Insel mit einem Leuchtturm.

Trotzdem. Da fehlt was. Das verflixte Ding muss einen Namen haben. Namen. Gesichter. Da entdecke ich die Maske Tutanchamuns. Was soll die denn hier? Die hängt auf keinen Fall ohne Grund an der Wand neben dem Leuchtturmbild. Was weiß ich über Tutanchamun? Ah, das war ein Pharao. Pharos. Das fehlende Wort. Mit der Maske in der Tasche breitet sich auf meinem Gesicht ein Lächeln aus. 2.

Wohin muss ich jetzt? Ich drehe mich um die eigene Achse. Ist hier keine Tür?

Mist. Hier habe ich mich schon mal verlaufen. Vielleicht sollte ich einfach abbrechen. Es dauert zu lange.

Dann finde ich eine Treppe. Sie führt nach unten, wo es dunkel ist. Kalt. Feucht.

Ein Grab.

Die goldene Krone, die auf der Marmorstätte prangt, lässt keinen Zweifel zu. Auch Könige sterben. Im Tod sind wir alle gleich.

Zwei Mäuse kreisen um meine Füße. Ich presse die Lippen zusammen, greife mit spitzen Fingern nach den beiden Mäuseschwänzen und stecke die fiependen Tiere in die Tasche. 1.

Das letzte Zimmer.

Ich will nur noch hier raus.

Stattdessen trete ich vor einen riesigen Thron aus Ebenholz, auf dem ein Gigant sitzt. Ein Körper aus Elfenbein und Gold. Über der Statue ballen sich Wolken zusammen. Blitze, mitten im Zimmer. Zeus.

Aber wer hat die Statue geschaffen?

Erst als ich einen Schritt zurück mache, erkenne ich, dass durch die Augenöffnungen der Statue Photos mit einem verstaubten Diaprojektor an eine Wand geworfen werden. Ph-dia. Ich atme auf, klettere an der Statue hoch und stecke die Dias ein. Phidias. 0.

Geschafft!

Nichts wie weg hier.

Ich öffne die Augen.

Die Luft um mich herum ist stickig geworden. Die anderen Prüflinge sitzen ebenso wie ich im Audimax der Universität Siegen. Einige starren ratlos auf den Zettel vor sich. Andere schreiben. Jemand hustet.

Ich denke an die Gegenstände in der Tasche und notiere:

1. (GI-Zeh-Türklinke) Die Pyramiden von Gizeh.
2. (Halbes Bild mit Baby) Die hängenden Gärten der Semiramis zu Babylon.
3. (Rhododendron) Der Koloss von Rhodos.
4. (Kunstgemälde) Der Tempel der Artemis.
5. (Pharao-Maske) Der Leuchtturm auf der Insel Pharos.
6. (Zwei Mäuse) Das Mausoleum, Grab des Königs Mausolos II.
7. (Dias) Die Zeus-Statue des Phidias.

Komplett. Alle sieben Weltwunder der Antike. Diese Haus-Gedächtnismethode hat funktioniert. Wie heißt sie noch gleich? Loci-Methode.

Genau. Jetzt fühlt sich meine imaginäre Tasche leicht an. Ich atme auf. Die nächste Frage auf dem Prüfungsbogen lässt mich grinsen. Ein Seitenblick auf die Uhr an der Wand. Noch Zeit genug. Vielleicht ist diese Prüfung doch kein Albtraum.

Wieder schließe ich die Augen und stehe diesmal vor einem anderen Gedankenpalast. Auf meiner pinkfarbenen Tasche leuchtet die Zahl 10. Gleich habe ich diese Prüfung in der Tasche.

__Maria Reuber,__ Jahrgang 1978, studierte an der Universität Siegen und promovierte, betreut von Prof. Dr. Jürgen Kühnel, über Märchenadaptionen. Wenn sie sich nicht gerade Geschichten ausdenkt, unterrichtet sie als Gymnasiallehrerin Deutsch, Englisch und Französisch. Schon früh stand für sie fest: Die Sprache ist egal, Hauptsache Bücher. Und Kaffee. Fun Fact: Sie wurde nie über die sieben Weltwunder geprüft.

Der „Verlorene Sohn"
kam aus dem Siegerland

Dass der Siegerländer einst auch ein Andenken aus Eisen haben wollte, war ganz natürlich. Denn sein Leben lang war er „Mensch im Eisen". So heißt es auf der ältesten vorhandene Grabplatte im Kloster Marienstatt im Westerwald. Sie ist einem 1516 jung verstorbenen Geistlichen aus der alten Siegener Hüttenmeisterfamilie Pithan gewidmet worden.[1] Eine weitere war 1523 für den Pfannenschmied Keller gegossen worden. Er soll 96 Jahre alt geworden sein. Viele dieser Platten sind noch vorhanden, aber die meisten sind im 18. Jahrhundert rücksichtslos eingeschmolzen worden.

Albrecht Kippenberger sind die gusseisernen Öfen heute zur kunstgeschichtlichen Betrachtung geworden. Den ältesten bekannten Ofen goss Gerhart Snytzeler 1486 in Siegen. Er hat ihn seinerzeit selbst nach Barabant gebracht. 1508 goss man einen Ofen für den Grafen von Waldeck, 1514 für das Kloster Schiffenberd bei Gießen und 1516 für Heinrich von Oranien-Chalons. Johann Pithan hatte 1553 einen fast elf Zentner schweren Ofen zur Burg Eltville geliefert.[2]

Bis 1526 kaufte Hessen Öfen aus Siegen. In der Hütte vom Kloster Haina gossen die Hessen dann selber Plattenöfen nach Siegerländer Vorbild. Aber noch 1530 bezog das Schloss Weilburg einen Ofen aus Siegen. Auch in Belgien, Luxemburg und Frankreich kannte man früh gegossene Kaminplatten. Das einzige Land außer Deutschland, welches schon im 15. Jahrhundert Ofenplatten goss, war das uralte englische Eisengebiet der Grafschaft Sussex.

Der Verein Deutscher Eisenhüttenleute in Düsseldorf hatte die schönsten Ofenplatten zu einer Sammlung zusammengestellt. Dem heutigen Betrachter machten sie genau so Freude wie Generationen vor uns, wenn man an kalten Winterabenden um dem warmen Ofen saß und die bildlichen Erzählungen aus der Bibel auf sich wirken ließ.

Es war das Ölkrugwunder der Witwe von Zarpat oder die Hochzeit von Kana. Aber besonders das Gleichnis vom Verlorenen Sohn, den es in verschiedenen Abhandlungen gab.

Im Siegerland gab es Hütten, die ihre Öfen *Bibelöfen* nannten. Oder nach dem beliebtesten Motiv einfach *Verlorener Sohn.* In den Rechnungsbüchern stand dann manchmal:

Nach Köln haben wir sechs verlorene Söhne geliefert.

Wenn der Siegerländer seinerzeit durch eine Krankheit ans Haus gefesselt war, sagte er: „Ich bin so fest wies Männlein am Ofen." Es war in der Zeit, als in jeder Siegerländer Stube noch ein gusseiserner Ofen mit Figuren wohlige Wärme ausstrahlte.

Auch Johann Wolfgang Goethe hatte als Knabe in Frankfurt am Main am Hirschgraben oft einen Blick auf solch einen Ofen. Aus Kacheln, die aus bleigeschwärztem Ton bestanden, war der obere Teil des Ofens. Der untere gusseiserne Kastenofen stammte aus dem Siegerland.[3] Da die Kacheln mit *VEST* signiert waren und Johannes Vest von 1575 bis 1611 in Frankfurt nachweisbar war.[4] Also musste der Ofen zu Goethes Zeit schon 150 Jahre alt gewesen sein. Die Frontplatte zeigte die Hochzeit zu Kana. Eine Seitenplatte zeigte das biblische sogenannte Ölwunder. Es trug die Überschrift:

DAS OEHL GAR REICHLICH SICH VERMEHRT. DER SOHN VOM TODT ZUM LEBEN KEHRT. IM TODT SICH GOTTES GUETH BEWEISSET. MIT WENIG BROTS VIEL MENSCHEN SPEISSET.

Dieses Modell wurde oft gegossen und man fand es überall selbst in der USA auf Öfen eingewanderter Deutscher.[5]

Sicherlich war der Ofen im Goethehaus nicht der einzige Ofen, der nach Frankfurt geliefert worden war. Im Stadtarchiv von Frankfurt lag ein dickes Aktenbündel, das den Streit um einen Siegerländer Ofen als Inhalt hatte. Johann Dresler aus Siegen hatte 1587 dem ebenfalls aus Siegen stammenden Conrad Pfender einen großen Stubenofen für das

Zunfthaus der Bäckerinnung geliefert. Die Bäcker behaupteten, Mängel an dem Ofen festgestellt zu haben, und bezahlten den Ofen nicht. Somit zahlte auch Pfender nicht an Dresler. Als Pfender später in Siegen war, ließ ihn Dresler verhaften und eine Woche ins Schuldengefängnis stecken. Hieraus entwickelte sich ein Prozess, der im Gutachten darlegte, was für Ansprüche an einen guten Ofen zu stellen waren.

Philipp Soldan aus Frankenberg im Hessen, der viel für die Siegener Hütten arbeitete, gehörte zu den bekanntesten Künstlern des Eisenplattengusses. Die Soldans waren Ahnen Goethes. Sie hatten das P im Schild und man weiß nicht ob, er mit Hans Pender aus dem Jahre 1538 identisch war. Dieser wurde 1539 am 25. November gräflich-nassauischer Büchsenmeister. Sein Name machte uns auf weiterem vorzüglichen Eisenguss aufmerksam. Er goss nämlich die Treppenstufen für den Umgang auf den Turm der alten Nikolaikirche zu Siegen. Die Schwelle trug die Inschrift:

Der Umbgang heiß ich, Hans Pender
Zu Siegen Goes Mich 1542.[6]

Fürst Johann Moritz von Nassau-Siegen ließ 100 Jahre später 499 Platten als Fußbodenbelag für dieselbe Kirche gießen. Es war für die damalige Zeit ein gewaltiger Auftrag. Das Johanniterkreuz war auf allen Platten, denn der Fürst war Herrenmeister des Johanniterordens, Ballei Brandenburg, zu Sonnenburg bei Küstrin.[7] Die schlichten aber sehr schönen Platten gossen Heydrich Pithan, Jakob Stauff, Johannes Kreuz uff der Sieg, Henrich Stähler underm Hayn und Hermann Daub. 80 Platten bezahlte der Fürst, den Rest die Bürgerschaft. Die Stifternamen wurden mit eingegossen. Es sind heute nur noch ganz wenige Platten vorhanden.

In der Mittelachse der wunderbaren

Alter Ofen aus Gusseisen.

63

Parkanlage, in einem Wäldchen nahe der Stadt Kleve am Niederrhein, steht die gewaltige Tumba, die einst für den Fürsten Johann Moritz bestimmt war. Sie ist ein interessantes Zeugnis des alten Siegener Eisengusses. Gegossen wurde es von Hermann Pithan in Marienborn bei Siegen. Es ist geschmückt mit Wappen, Trophäen und Inschriften. Kurz vor seinem Tode änderte Johann Moritz sein Testament. Er wurde daraufhin, nachdem sein Leichnam nur kurze Zeit hier gelegen hatte, in Siegen im unteren Schloss in die Gruft beigesetzt, die er für seine Vorfahren und seine Familie bauen ließ.

Auch hier in dieser Gruft kann man die Kunst des Siegener Eisengusses an einigen Stellen betrachten. Ein Meisterstück von ganz besonderer Art ist die zweiflügelige Türe wegen des künstlerischen Schmuckes. Der von Holländischen Meistern aus dem Kreise um Artus Quellinus herzurühren scheint.[8]

Heinz Bensberg: Geboren wurde ich am 6.11.1939 in Dahlbruch, Kreis Siegen (NRW), wo ich auch heute noch wohne. Dahlbruch ist 1969 bei der Gemeindegebietsreform nach Hilchenbach eingemeindet worden. Im Stadtrat von Hilchenbach war ich viele Jahre als Ratsmitglied tätig. 2003 wählte man mich zum Ortsheimatpfleger von Dahlbruch. Zu den Aufgaben eines Ortsheimatpflegers zählt es auch, wenn möglich, das Historische des Ortes und der Region festzuhalten. Aus diesem Grunde habe ich von Dahlbruch und dem Ferndorftal etwas aus den vergangenen Tagen aufgelistet. Aber auch aus dem Siegerland wird über Vergangenes berichtet. **Quellen:** *1. Die Geschichte des Eisens, Seite 209 von Otto Johannes; 2. Der künstlerische Eisenguss, Seite 10 von Albr. Kippenberger; 3. Das Goethehaus in Frankfurt am Main, Seite 6; 4. Der Kunsteisenguss des Siegerlandes und dessen Meistern, Seite 86 von Albr. Kippenberger; 5. Die Kunst der Ofenplatten, Seite 4 von Albr. Kippenberger; 6. Der Gusseiserne Fußbodenbelag der Nikolaikirche in Siegen, Seite 96 von Hans Kruse; 7. Vom Eisen, Seite 54 von Alfred Lück; 8. Die Fürstengruft zu Siegen, Seite 15 von Alfred Lück.*

Neben mir der Tod

Ich sitze mit Sakko, Hemd, Fliege und neuer Anzugshose im Bus, der sich durch den Verkehr an der Kreuzung Kochs Ecke wühlt. Meine spärlichen Haare habe ich mit Gel gestriegelt und in den Händen halte ich einen Strauß langstieliger Rosen. Meine große Jugendliebe Ute, die ich vor Jahren das letzte Mal gesehen habe, erwartet mich.

In der Siegener Zeitung habe ich kürzlich gelesen, dass sie eine Boutique am Lindenberg eröffnet hat. Ich habe auf ihrer Homepage ihre Telefonnummer gefunden und sie angerufen.

„Mensch, Mike. Das freut mich riesig, dass du dich bei mir meldest."

Beim Klang ihrer Stimme hat mein Herz Purzelbäume geschlagen.

„Möchtest du mich nicht besuchen kommen? Auf einen Kaffee, um über die vergangenen Zeiten zu plaudern?", hat sie vorgeschlagen.

Mein Singledasein wird bald ein Ende haben.

An der Haltestelle am Löhrtor steigt jemand zu. Alles an dem Mann ist schwarz: seine Hose, seine Schuhe, sein Pulli, dessen Kapuze er tief vor sein Gesicht gezogen hat, sodass darunter nur ein düsterer Schatten zu erkennen ist. Sein Körper ist mager und knochig. Er räuspert sich laut und nimmt neben mir Platz.

Ein kalter Hauch lässt mich frösteln. Sogar die Dame, die vor ihm sitzt, rafft ihren Schal enger um ihren Hals und schüttelt sich.

Ich schiele zu ihm herüber. Er sieht aus wie der Tod höchstpersönlich. Nicht, dass ich jemals an den Tod in menschlicher Gestalt geglaubt hätte. Niemals! Aber je länger ich ihn anstarre, desto sicherer bin ich mir.

Augenblicklich sticht es brennend in meiner Brust. Habe ich heute Morgen eigentlich meine Blutdruck-Tablette genommen? Ich kann mich zum Teufel nicht erinnern. Ausgerechnet heute sucht mich der Tod heim. Jetzt, wo ich kurz davor bin, endlich meine Ute wiederzusehen. Glücklich zu werden. Den schönsten Tag seit langer Zeit zu erleben. Ich blicke mich um. Zwei Sitze weiter entdecke ich einen Greis, der weit über achtzig sein muss. Seinen Rollator hat er vor sich geparkt. Zu ihm könnte sich der Tod gesellen. Ihn mit in sein Reich holen. Aber doch nicht mich! Alles an mir zittert vor Furcht. Das Herzstechen nimmt zu. Ich krümme mich vor Schmerzen.

Ich weiß nicht, woher ich verflucht noch mal den Mut nehme. Doch ich muss es wissen! Mit bebender Stimme flüstere ich meinem Sitznachbarn zu: „Sind Sie der Tod?"

Der Kopf des Todes wippt leicht auf und ab.

Verdammt! Ich schlucke. „Können Sie mich heute nicht verschonen?", flehe ich ihn an.

Sein Kopf pendelt unmerklich von rechts nach links.

Ich bin ihm ausgeliefert und schnappe nach Luft wie ein Fisch an Land.

Die dürre Hand des Todes greift nach mir, berührt mein Sakko, ohne einmal aufzusehen. Nicht mehr lange, und es ist vorbei. Ich kneife die Augen zu und hoffe, dass es schnell gehen wird. In den letzten Minuten, die mir noch bleiben, versuche ich, mich an Ute zu erinnern, ihre meerblauen Augen, ihre vollen Lippen, ihr blond gelocktes Haar. Sie lächelt mich an. Der süße Duft der Rosen begleitet meine Gedanken. Ach, Ute!

Jemand klopft auf meine Schulter. Ich stoße einen spitzen Schrei aus und schaue auf. „Ihre Fahrkarte bitte!", sagt der Kontrolleur unbeeindruckt. Dann tippt er meinen Sitznachbarn an. „Ihre auch!"

Ich erstarre. Weiß der ahnungslose Mensch nicht, dass er mit dem Tod spricht? Ist er lebensmüde, oder was?

Ich kann mir nicht vorstellen, dass der Tod eine Fahrkarte gelöst hat, und taste mein Sakko nach meinem Portemonnaie ab. Der Tod fährt schwarz, da bin ich mir sicher.

Mein Sitznachbar schiebt seine Kapuze zurück, pult seine In-Ear-Kopfhörer aus den Ohren. Er sieht erstaunlich jung aus. „Fahrkarte? Ja sofort", meint er mit ruhiger Stimme und zückt ein Portemonnaie.

Das ist doch ... m-e-i-n Portemonnaie! In dem m-e-i-n-e Fahrkarte steckt! Ungläubig schaue ich vom Tod zum Kontrolleur, der diesem zunickt und mir einen auffordernden Blick zuwirft.

„Und Ihre Fahrkarte, mein Herr?"

Meine Kehle schnürt sich zu und ich bekomme keinen Ton heraus. Das Beklemmungsgefühl in meiner Brust ist nicht auszuhalten.

Ich sterbe. Vor Verzweiflung.

Der Bus hält am Lindenbergfrieghof. Der Tod springt auf, federt leichtfüßig zur Bustür und schlüpft hinaus.

„A...aber", stottere ich. „Der Tod hat mein Portemonnaie!" Ich zeige mit meinem zitternden Finger in seine Richtung.

„Wer bitte?", fragt der Kontrolleur und zieht eine Augenbraue nach oben. „Der Tod?"

„J...ja. Der Bursche, der eben neben mir saß", erkläre ich heiser. In meinem Brustkorb pocht, hämmert es wie von Sinnen. „Haben Sie ihn nicht erkannt?" Als ich aufstehe, geben meine Beine nach, sind weich wie Butter. Die Rosen sinken zu Boden. Das Herz schlägt ein letztes Mal.

„Sie hatten einen Schwächeanfall."

Ich sehe in das Gesicht eines Sanitäters, der meinen Blutdruck misst. Auf der anderen Seite neben mir kniet eine Frau. Sie hält meine Hand. Langes blondes Haar fällt fließend auf ihre Schultern. Ihre meerblauen Augen sind auf mich gerichtet. Voller Wärme. Sie hat Ähnlichkeit mit einem Engel. Und mit ... Ute!

Ich reiße die Augen weit auf und schreie: „Der Tod hat mein Portemonnaie!"

Die Frau schaut verwirrt zum Sanitäter. „Was redet er?"

„Ich habe ihm ein starkes Beruhigungsmittel gegeben. Er halluziniert."

Ute streicht mir über die Stirn und redet zärtlich auf mich ein. Ich kann meinen Blick nicht von ihr wenden, weil ich endlich sterbe. Vor Glück.

Sandra Gertzen ist Jahrgang 1972 und lebt mit ihrer Familie im Raum Wilnsdorf. Sie schreibt seit 2014 Kurzgeschichten und hat bereits in mehreren Anthologien veröffentlicht. Zu ihren weiteren Hobbys zählen das Singen im Chor und das Walken in der Natur.

Flutkatastrophe in Hamburg 1962 und Hilfe aus dem Siegerland

Vom 16. auf den 17. Februar 1962 kam es durch eine Sturmflut zu einer Flutkatastrophe an der deutschen Nordseeküste. Es wurden hohe, bisher noch nie da gewesene Wasserstände erreicht und es gab viele Deichbrüche und schwere Schäden. Insgesamt starben 340 Menschen. Schnell wurde klar, dass viel Hilfe von außerhalb nötig war. So wurden neben der Bundeswehr u. a. auch Hilfskräfte aus dem Siegerland benötigt. Das Deutsche Rote Kreuz kam aus Siegen mit Hilfsmaterial nach Hamburg, Siegener Feuerwehrmänner brachten Schlauchboote, Tauchausrüstung und eine Trinkwasseraufbereitungsanlage mit. Hier ein Bericht der Beteiligten, die damals vor Ort waren:

Vier Mitglieder der Tauchsport- und Forschungsgemeinschaft Siegerland sind noch immer in Hamburg im Katastropheneinsatz. Am Sonntag waren die nordrhein-westfälischen Tauchsportvereine von der Bundeswehr in Köln um Hilfe gebeten worden. Außer den Tauchsportvereinen Köln und Essen folgten auch die Siegener Sporttaucher diesem Ruf. Der Club entsandte Horst Klinkert, Karl-Heinz Beitner, Michael Schicke und Volker Wartemann in das Katastrophengebiet. Die Stadt Siegen stellte einen Kleinbus zur Verfügung, mit dem die Siegener bis Köln fuhren. Von dort wurden sie mit den Kameraden aus Köln und Essen mit einem Lkw der Bundeswehr nach Hamburg gebracht. Sechs Schlauchboote, Presslufttauchgeräte und Tauchanzüge gehörten zur Ausrüstung der Taucher. Kurz nach ihrem Eintreffen in Hamburg wurden die Taucher bereits bei der Suche nach Ertrunkenen eingesetzt. Wie die Siegener aus Hamburg berichten, wurde ihre Hilfe noch einige Tage benötigt.

In der Nacht zum Freitag kehrten die Siegener Sporttaucher von ihrem tagelangen, mühevollen Einsatz im Hamburger Katastrophengebiet zurück. Noch einmal berichteten sie uns von ihren Erlebnissen. Als das Wasser besonders in den Laubenkolonien von Wilhelmsburg und Waltershof nur langsam sank, wurden Pioniereinheiten und Sporttaucher eingesetzt, um die in diesen Gebieten vermissten Personen zu suchen. Die Sporttaucher, die man vielfach für Froschmänner der Bundeswehr hielt, kamen aus den nordrhein-westfälischen Tauchclubs in Essen, (Leitung Dr. Franz Josef Grimmeisen), in Köln (Leitung Günter Quilling), aus dem Siegerland (Leitung Karl Heinz Breitner). Auch die in Hamburg beheimateten Sporttaucher wurden unter Leitung ihres Vorsitzenden und des Präsidenten des Verbandes Deutscher Sporttaucher, Jens-Peter Paulsen, zu Hilfe gerufen.

Während des Einsatzes konnte eine größere Zahl von Toten geborgen werden. Diese Arbeit war nicht immer ganz einfach. Die Taucher mussten sich durch brusttiefes Wasser an die niedrigen Holz- und Steinbauten heranarbeiten, da die Sturmboote der Pioniere wegen der Stacheldrahtzäune und Hecken nicht immer bis an die Behausungen heranfahren konnten. Fenster und Türen mussten gewaltsam geöffnet werden, um in die einzelnen Wohnräume eindringen zu können, in denen das Wohnungsinventar umher schwamm. Wie immer wieder festgestellt wurde, waren die meisten Bewohner während des Schlafes von den Wassermassen überrascht worden. Dennoch hatte sich der überwiegende Teil durch rasche Flucht retten können. Die Sporttaucher waren bei ihrer Arbeit Verletzungen durch Stacheldraht, Glas- und Holzsplitter ausgesetzt. Daher wurde eine Schutzimpfung durchgeführt.

In anderen Stadtteilen wurden die Taucher eingesetzt, um Wertgegenstände (Autos, Motorroller, Kühlschränke, Nähmaschinen usw.) zu bergen. Die Verpflegung während des stundenlangen Einsatzes übernahm deutsches und amerikanisches Militär per Lastwagen und Hubschrauber. Auch für das Nachtquartier sorgte die Bundeswehr, es stand dazu eine Schule in Hamburg-Harburg zur Verfügung.

Nach viertägigem Aufenthalt war der Wasserstand wieder so weit gesunken, dass die weiteren Bergungs- und Aufräumungsarbeiten von den Pioniereinheiten der Bundeswehr weitergeführt werden konnten. Dadurch erübrigte sich ein weiterer Verbleib der Sporttaucher im Katastrophengebiet. Bezirksamtsleiter Mohr, der selbst 16 Stunden vermisst war und unter dramatischen Umständen gerettet wurde, verabschiedete im Harburger Rathaus während einer kleinen Feier mit herzlichen Worten die Helfer aus Nordrhein-Westfalen. Ein Fahrzeug der Bundeswehr brachte die Taucher mit ihren Ausrüstungen nach Köln, wo Oberstleutnant Bockhoff im Namen des Territorial Verteidigungsstabes III A Köln für den Einsatz dankte. Danach wurden die Siegener Sporttaucher in ihre Heimat zurückgefahren."

Das Jahr 1963 stand ganz im Zeichen der Verleihung der *Hamburg-Medaille* für die Sporttaucher, die der VDST / NRW auf der Jahreshauptversammlung verlieh. Unter den 19 Sporttauchern waren auch vier Sporttaucher der TFS. Dieses waren Karl-Heinz Beitner, Horst Klinkert, Michael Schicke und Volker Wartemann.

Eingereicht von **Peter Wilms:** *Ich bin ebenso wie* **Peter Vogelsang,** *der diesen Artikel für die Homepage unseres Vereins verfasst hat, langjähriges Mitglied der Tauch- und Forschungsgemeinschaft Siegerland.*

Das Café Schmidt in Siegen

Das „Café Schmidt" war in der Stadt Siegen fast 75 Jahre lang eine echte Institution. Gegründet wurde das Café am 12. Dezember 1896 von Carl Julius Schmidt unter dem Namen „Conditorei und Café Schmidt". Genau eine Woche zuvor hatte er in Heiligenhaus geheiratet – Clara Vogelbusch. Aus der Ehe gingen sieben Kinder hervor, Sohn Walter übernahm später das Café, das zunächst im Musikhaus Loos in Siegen untergebracht war. 1901 erfolgte dann der Umzug in die Bahnhofstraße 17 in Siegen.

An die Geschichte des Cafés und die damit verbundene Familiengeschichte der Familie Schmidt erinnert sich Elke Vitt, 58 Jahre alt, noch heute lebhaft. Ihr Großvater Walter war der Sohn des Firmengründers. Ihr Vater Herbert Bernhard Schmidt wurde am 2. Oktober 1934 als Sohn von Walter und Elfriede Schmidt geboren, die vor, während und

Erstes Café im Musikhaus Loos. In der Tür steht Walter Schmidt.

Elfriede und Walter Schmidt.

Das „Café Schmidt" in Siegen war fast 75 Jahre lang eine Institution in der Stadt. Gegründet wurde es am 12. Dezember 1896 von Carl Julius Schmidt unter dem Namen „Conditorei und Café Schmidt".

Das „Café Schmidt" vor der Zerstörung im Zweiten Weltkrieg. 1901 war die Konditorei in die Bahnhofstraße 17 umgezogen.

Das Café Schmidt.

Bilder aus längst vergangenen Zeiten: Das Café Schmidt in der Bahnhof-straße in Siegen war der Zeit entsprechend sehr geschmackvoll eingerichtet. Gegründet wurde es am 12. Dezember 1896 – die letzten Gäste wurde 1970 bedient.

nach dem Zweiten Weltkrieg das Café Schmidt in der Bahnhofstraße führten. Seine Geschwister waren Karl-Walter (KW) und Gisela, Elke Vitt selbst ist die jüngste Tochter von Herbert Bernhard. Ihre Eltern, Bernd und Astrid Schmidt, schlossen 1970 das Café Schmidt nach fast 75-jähriger Familientradition. Dazu geführt hatten steigende Betriebskosten sowie Personalprobleme. Elke Vitt war damals knapp fünf Jahre alt. Sie berichtet von einer Erzählung ihres Vaters:

„Am Sonntagmorgen, den 17. September 1944, um kurz vor 11.00 Uhr spielte mein damals zehnjähriger Vater mit seinen Geschwistern KW und Gisela im Siechhausweg hinter dem Café Schmidt, als sich alliierte Bomber der Stadt näherten, mit dem Auftrag, das untere Stadtgebiet und den Bahnhof Siegens zu bombardieren.

Oma Elfriede kam zu diesem Zeitpunkt aus der Versammlung und fand ihre staunenden, zum Himmel blickenden Kinder schutzlos vor. Sogleich raffte sie Gisela, KW und meinen Vater Bernd zusammen und verschwand mit ihnen im Keller unter dem Café.

Pfeil oben: Lücke zwischen den Häusern, wo der Schutt hineingefallen war. Pfeil unten: Schutthaufen auf dem Holzbrett, unter dem Oma mit ihren Kindern während des Angriffes hockte.

Wenige Augenblicke später geschah es dann: Eine Fliegerbombe traf das Haus. Nicht direkt, sondern sie schlug in den Erker ein, wurde abgeleitet, sprang über die Straße in das gegenüberliegende Haus, wo sie dann detonierte. Als der Erker zerstört wurde, fielen viele Trümmerteile in eine Lücke zwischen den Häusern und einige davon trafen den kleinen Bernd am Kopf, sodass er gleich in eine Ohnmacht fiel.

Als der Angriff nach sieben Minuten vorüber war, schleppte Oma ihre Kinder und meinen immer noch bewusstlosen Vater zurück auf die Straße, wo sogleich Sanitäter gerufen wurden. Die Sanitäter trugen ihn dann auf einer Bahre quer durch Siegen bis zum Stadtkrankenhaus. Der inzwischen wieder erwachte Junge genoss die Aussicht von der Bahre herunter und die neugierigen Blicke der Vorbeigehenden sehr.

Wieder nach Hause zurückgekehrt sah er, wie viel Glück seine Familie gehabt hatte. Der Schutt des Erkers war auf ein mit einem Holzbrett abgedecktes Loch gefallen, worunter seine Mutter, er und seine Geschwister während des Bombenangriffs gehockt hatten. Zum Glück hatte das Brett gehalten, sonst wäre das alles ganz anders ausgegangen. Das Café wurde bei diesem Angriff völlig zerstört. Oma Elfriede machte das Beste aus der Situation und nahm es mit Humor. Sie stellte in die zerstörten Café-Räume ein Schild auf:

DURCH-GEHEND GEÖFFNET.

„Durch-gehend geöffnet" – nach dem Angriff auf Siegen am 17.09.1944.

Mein Vater erzählte mir noch, dass meine Oma Elfriede die Familie in den Kriegswirren durchbrachte, indem sie den, zum Glück nicht zerstörten Backofen, zeitweise vermietete. In der Nachbarschaft war so ziemlich alles zerstört und die Frauen kamen, um bei ihr Brot zu backen. Meine Oma galt als sehr tüchtig und findig.

Mein Opa Walter kam erst einige Zeit nach dem Krieg aus russischer Kriegsgefangenschaft zurück, um sogleich mit dem Wiederaufbau des Cafés zu beginnen.

Die Kinder Gisela, Bernd und Karl-Walter Schmidt circa 1940/41.

Familie Schmidt nach der Rückkehr des Vaters aus dem Krieg.

Nach seinem Tode 1961 übernahm mein Vater Bernd (Herbert Bern-hard) die Konditorei und das Café. Vorher hatte er eine gute Kondito-renausbildung in Bern in der Schweiz absolviert, wo er meine Mutter kennenlernte, die aus Guatemala kam und eine Ausbildung im selben Café machte. Ihre Eltern waren viele Jahre zuvor aus der Schweiz nach Guatemala ausgewandert, wo sie Cafés eröffneten. Sie sollte dort mit einsteigen, doch ihr Weg führte sie nach Siegen, wo sie ebenfalls im

Das Siegener Café Schmidt war weltweit bekannt.

Café tätig war und eine eigene Familie gegründet wurde. Meine Geschwister und ich kamen dazu. Mein Bruder Walter kam nur wenige Monate nach dem Tod meines Opas zur Welt, daher erbte er auch seinen Namen. Überhaupt ging es beim Café Schmidt über viele Jahre lang sehr international zu, denn die Erzeugnisse gingen nicht nur in europäische Nachbarländer wie Frankreich, England oder die Schweiz, sondern auch nach Übersee, die USA und Kanada, nach Brasilien, Nigeria oder Israel. Ein besonderes Highlight: Die „Herrentorte", die jährlich von Siegen aus in den Vatikan zum Papst geliefert wurde. Eine Nonne aus dem Sauerland hatte dies initiiert. Diese Geschichte wurde in der Familie oft erzählt.

Ich war 5 Jahre alt, als mein Vater das Café schloss, kann mich aber auch noch an viele Feste mit der Familie und auch mit den Angestellten erinnern. Meine Tante Gisela, Enkeltochter des Firmengründers, lebt heute noch und ist 91 Jahre alt.

Walter (6), Karin (4) und Elke Schmidt (2) im Jahr 1967. Die Familie wohnte damals über dem Café.

Elke Vitt, *58 Jahre alt, arbeitet im Klinikum Siegen als MFA im Zentrum für seelische Gesundheit. Hobbys Radfahren und Reisen. Ihre Geschwister sind Walter Schmidt, 63 Jahre alt, er lebt in Hamburg, und Karin Schmidt, sie ist 61 Jahre alt und lebt in Köln.*

Liebeserklärung an Siegen

Siegen – Stadt in der Provinz
Wo sich tummeln Kunz und Hinz
Hat 'ne Uni – hat Museen
Parkhäuser und auch *Cafén*
Hat ein Schloss und auch ein Krönchen
Hat viel Töchter und viel Söhnchen
Eilt zu neuen Ufern schnell
Macht's für seinen Fluss ganz hell
„Siegen!" Henner ruft es frisch.
„Siegen, ach ich liebe disch!"

Ursula Adler: *Inzwischen bin ich über 80! Lebe schon lange im Siegerland, in Netphen, Geisweid und Weidenau. Habe mit großem Vergnügen Schreibwerkstätten geleitet – in Siegen, Kreuztal und Hilchenbach.*

Weltelite des Schachs
im Siegerland

In der Zeit vom 5. bis zum 27. September 1970 fand in der Krönchenstadt Siegen die XIX. Schacholympiade statt. Manch einer fragte sich damals und fragt sich auch heute noch: „Wie kommt ein derartiges Weltereignis nach Siegen?"

Zweifellos hatten wir zu jener Zeit im Siegerland einige willensstarke, tatkräftige und einflussreiche Persönlichkeiten. Norbert Schulte sen. war eine solche Persönlichkeit. Er gründete nicht nur den Schachverein Buschhütten, sondern holte auch gleich herausragende Veranstaltungen ins Siegerland, so z. B. 1966 ein Kandidatenturnier (Qualifika-

Vom 5. bis zum 27. September 1970 fand in der Krönchenstadt Siegen die XIX. Schacholympiade statt.

tionsturnier zur deutschen Einzelmeisterschaft) und 1967 die deutsche Mannschaftsmeisterschaft.

Zur Siegerehrung der Mannschaftsmeisterschaft waren namhafte Vertreter des deutschen Schachbundes erschienen, u. a. der Präsident, Konsul Emil Dähne, und der Spielleiter Willi Fohl. Ferner waren mit Kurt Hülsmann, Vorsitzender des Schachbundes NRW, Erich Romberg, Vorsitzender des Schachverbandes Südwestfalen, und Hermann Schmidt, als Landrat des Kreises Siegen Schirmherr der Veranstaltung, bedeutsame Persönlichkeiten zugegen.

Beim Abendessen nach der Siegerehrung, an dem auch Heinz Feuring, damals Spielleiter im Schachbezirk Siegerland, teilnahm, ereignete sich Folgendes: Konsul Dähne wurde zum Telefon gerufen. Er kam mit der Nachricht zurück, Ungarn habe die Option für die Schacholympiade 1970 zurückgegeben, der Deutsche Schachbund DSB möge sich um einen Ausrichter bemühen. Allen war klar, dass sich so leicht keiner bereit erklären würde, die damit verbundene Arbeit und das finanzielle Risiko auf sich zu nehmen.

In die allgemeine Ratlosigkeit platzte Norbert Schulte sen. mit der nicht ganz ernst gemeinten Bemerkung: „Dann machen wir das hier im Siegerland; wir können das."

Wie so oft im Leben wird aus Spaß leicht Ernst. Eine noch am gleichen Abend erfolgte Besichtigung der damals noch jungen Siegerlandhalle hinterließ bei den Herren des DSB den Eindruck, dass Siegen tatsächlich für ein derartiges Ereignis infrage komme. Jedenfalls diskutierte man den Gedanken und kam zu dem Ergebnis, Sondierungsgespräche mit den politischen und schachlichen Gremien zu führen. Natürlich waren nicht alle begeistert von dieser *wahnwitzigen* Idee. Viele warnten vor dem Risiko, das in ihren Augen nicht tragbar war. Im Schachbezirk kam es zu einer Kampfabstimmung, in der zwar letztlich das Pro überwog. Ein Teil des Vorstandes trat aber daraufhin zurück, sei es aus Furcht vor Risiko und Mühen, sei es aus verletztem Stolz, nicht rechtzeitig in die Gespräche einbezogen worden zu sein. Nach Wahl eines neuen Vorstandes konnten die Sondierungsgespräche beginnen. In erster Linie ging es dabei um das Problem der Finanzierung, aber auch um praktisch-organisatorische Fragen, z. B. Spielmaterial, Spielplan, Unterkunft, Verpflegung, Fahrdienst, Dokumentation, Öffentlichkeitsarbeit.

Positives Ergebnis dank Initiative und Einfluss von Landrat Hermann Schmidt

So wurden Gespräche mit dem Bundesinnenministerium, dem Land NRW, dem Kreis Siegen (damals noch ohne Wittgenstein), der Stadt Siegen, den schachlichen Institutionen, später auch mit dem Einzelhandelsverband, Sponsoren und Medien geführt. Dank Initiative und Einfluss des Landrats Hermann Schmidt endeten die Gespräche mit einem positiven Ergebnis. Der DSB übernahm die Schacholympiade und der Weltschachbund FIDE gab sein Einverständnis; allerdings mussten drei Kriterien erfüllt sein:

1. Alle gemeldeten Nationalmannschaften sind zuzulassen; es darf keine Einschränkungen hinsichtlich Einreise, Bewegungsfreiheit, Zeigen von Staatssymbolen u. ä. geben.
2. Die Finanzierung muss gesichert sein.
3. Spieler und Betreuer sind angemessen zu beköstigen und unterzubringen.

Alle drei Kriterien waren schon im Vorfeld besprochen und abgeklärt worden, sodass der Vergabe dieses Großereignisses nach Siegen nichts mehr im Wege stand.

Viel Organisationsarbeit zu bewältigen

Natürlich war noch viel Organisationsarbeit zu bewältigen. Ein Organisationsvorstand wurde berufen; dieser tagte in der Wiesenbauschule am Häusling. Die Kreisverwaltung stellte dort Büroräume und Personal zur Verfügung. Aus dem Schachbezirk Siegerland waren folgende Schachfreunde im Organisationsvorstand vertreten:

- Roland Bräuer als Referent für Spielerbetreuung
- Werner Feiertag als Referent für technische und postalische Einrichtungen

- Arthur Formalski als Referent für Werbung, Pressebetreuung und Druckwesen
- Heinz Feuring als Referent für Personalfragen
- Norbert Schulte als Referent für Organisation und Ablauf der Spiele

Geschäftsführer war Martin Holzapfel, damals Kreisjugendleiter, der vom Kreis Siegen für die Koordination der Vorbereitungsmaßnahmen freigestellt war. Aus dem Schachbezirk Siegerland waren weitere Schachfreunde an z. T. exponierter, z. T. auch an untergeordneter Stelle tätig. Zur ersten Gruppe gehörten Bruno Bolte als Leiter der Druckerei für die Rundenberichte, Günther Wunderlich als Mittler für die Demonstration von Partien im eigens eingerichteten Demo-Saal sowie Heinz Greis und Hans-Jürgen Döhner als Gruppenleiter in den Vor- bzw. Finalgruppen.

Ferner waren im Einsatz: 70 Partienschreiber, 12 Nachspieler, 12 Maschinenschreiberinnen, 11 Drucker bzw. Druckereihelfer, 13 Fahrer, 5 Dolmetscher, 9 Helfer im Demonstrationsraum, 10 Turnier- bzw. Gruppenleiter, 8 Hostessen, 4 Betreuer, 6 Personen an Kasse und Einlass, 8 Personen für allgemeine Verwaltung sowie 2 Magazinverwalter. Diese Personen kamen überwiegend aus dem Siegerland. Aber auch aus den benachbarten Bezirken, ja aus ganz Deutschland waren Schachfreunde als Helfer zugegen.

„Gens una sumus"

Die Atmosphäre während der Olympiade wurde dem schacholympischen Motto „Gens una sumus" – wir sind eine Gemeinschaft – vollauf gerecht. Kontakte mit Spielern und Betreuern waren durchaus möglich und wurden auch reichlich gepflegt. Besonders hervorgetan haben sich hier die russischen Betreuer Keres und Taimanow, selbst Weltklasse-Großmeister und dennoch leutselige Persönlichkeiten. Keres sprach hervorragend deutsch und Taimanow antwortete auf die Frage, warum er nicht mitspiele: „Ich sein zu schwach."

Insgesamt waren 60 Mannschaften mit 360 Spielern, 60 Mannschaftskapitänen und mehreren weiteren Betreuern im Einsatz. Diese waren in 22 Hotels verstreut über das gesamte Siegerland untergebracht und wurden jeweils durch einen bestens organisierten Fahrdienst zur Siegerlandhalle und wieder zurückgebracht.

Ganz Siegen im Olympiafieber

Die Geschäftswelt von Siegen zeigte sich auf die Olympiade bestens vorbereitet. Sowohl in der Unterstadt als auch in der Oberstadt gab es kaum einen Laden, dessen Schaufenster nicht eindrucksvoll mit unterschiedlichen Schachmotiven dekoriert waren. Außergewöhnliche Figuren aus Holz, Marmor, Onyx, Metall und anderen Materialien zierten ihre Auslagen. Überall sah man Bretter unterschiedlichster Größe, angefangen vom kleinen Steckschach über normale Bretter für das übliche Nahschachspiel bis hin zu Terrassen- und Gartenschachspielen.

Auch Briefmarken und Ersttagsbriefe mit Schachmotiven stellte man in beachtlicher Fülle aus. Das Motiv des Ersttagsbriefs zeigte das Logo der Schacholympiade, mit einem eigens für die Olympiade angefertigten Sonderstempel. Darüber hinaus hatte man auch Gedenkmedaillen in sehr geringer Auflage aus Gold und Silber prägen lassen. Hatte ein Geschäft mal keine vergleichbaren Schachmotive ausgelegt, so präsentierte es Fahnen von teilnehmenden Ländern oder große Fotos von bekannten Spielern.

Der Schachbezirk Siegerland hatte 100 Schachaufgaben in die Schaufenster mehrerer Geschäfte gestellt. Der 1. Preis war ein VW-Käfer, den unser Schachfreund Heinz Greis gewann. Er besaß zwar noch keinen Führerschein, erlernte aber daraufhin mit 53 Jahren das Autofahren. Am Ende der Schacholympiade gab es im Leimbachstadion eine große Musikschau mit internationalen Kapellen und ein Feuerwerk. Ganz Siegen war im Olympiafieber.

Eine Reihe von Rahmenveranstaltungen rundete das äußerst positive Bild von der Schacholympiade ab:

• ein Reitturnier wurde durchgeführt,
• im Leimbachstadion fand eine internationale Leichtathletikveranstaltung statt,
• für Spieler und Betreuer wurde eine Siegerland-Rundfahrt und eine Fahrt an den Rhein unternommen.

Siegerehrung durch den damaligen Bundespräsidenten Dr. Gustav Heinemann

Die Siegerehrung selbst fand am 26.09.1970 in der Siegerlandhalle statt und wurde vom damaligen Bundespräsidenten Dr. Gustav Heinemann persönlich vorgenommen. 1200 geladene Gäste waren zugegen, als der Bundespräsident zusammen mit acht Botschaftern unter den Klängen der Ouvertüre zur Zauberflöte, gespielt vom Siegerlandorchester, den großen Saal der Siegerlandhalle betrat.

Die Goldmedaille überreichte er der UdSSR, die Silbermedaille ging an Ungarn, die Bronzemedaille erhielt Jugoslawien. Die weiteren Plätze in der Finalgruppe A belegten 4. USA, 5. Tschechoslowakei, 6. Bundesrepublik Deutschland, 7. Bulgarien, 8. Argentinien, 9. DDR, 10. Rumänien, 11. Kanada und 12. Spanien.

Spassky gegen Fischer: Publikumsandrang brach alle Rekorde

35 Jahre nach diesem Weltereignis ließ der deutsche FIDE-Meister und Schachjournalist Johannes Fischer in einem Online-Artikel auf Chessbase die Ereignisse von damals noch einmal Revue passieren. In seiner Darstellung heißt es:

Denkt man an die Schacholympiade Siegen 1970, denkt man an Spassky gegen Fischer. Die Begegnung der beiden war die Partie der Olympiade. Spassky war zwar Weltmeister, aber viele hielten Fischer für den stärksten Spieler der Welt – obwohl der Amerikaner in den direkten Begegnungen mit dem Russen immer schlecht ausgesehen hatte.

Am 20. September, einem Sonntag, kam es so endlich zum lang ersehnten Duell und der Publikumsandrang bei dieser Partie brach alle Rekorde. 4.500 Zuschauer strömten in die Siegerlandhalle, von denen einige ohnmächtig wurden und weggebracht werden mussten. Und die Zuschauer, unter ihnen auch der sowjetische Botschafter Zarapkin, kamen auf ihre Kosten: Beide Akteure spielten kämpferisch und lieferten sich einen packenden Schlagabtausch, bei dem Spassky schließlich die Oberhand behielt. Obwohl Fischer nach der Eröffnung gut gestanden hatte, verlor er im Mittelspiel den Faden und gab schließlich im 39. Zug auf.

Meisterschaft der Superlative und mustergültige Organisation

Die XIX. Schacholympiade 1970 war das bedeutsamste internationale Sportereignis, das jemals in der Krönchenstadt veranstaltet wurde. Der Schachjournalist und -historiker Alfred Diel schwärmte in einem Resümee in der Novemberausgabe der Deutschen Schachblätter 1970:

Die XIX. Schacholympiade in Siegen wird als Mannschaftsweltmeisterschaft der Superlative in die Annalen der Schachgeschichte eingehen: Nie zuvor waren so viele Nationen an den Start gegangen, hatten sich Meister aller Kategorien derart spannende Kämpfe geliefert, war es dem sieggewohnten sowjetischen Team so schwergefallen, seinen Titel erfolgreich zu verteidigen, und nie zuvor hatte man eine solche mustergültige Organisation gesehen!

Und dann kam laut Heinz Feuring das Merkwürdigste:

Auf einmal war alles vorbei; drei Jahre lang hatten viele Schachfreunde auf dieses Ereignis hin gelebt, gedacht, gearbeitet, gefiebert, und plötzlich war die XIX. Schacholympiade Siegen 1970 Geschichte.

Mich selbst hat diese Schacholympiade seinerzeit sehr in den Bann gezogen. Ein dreiviertel Jahr vor diesem Großereignis bin ich in den Weidenauer Schachverein 1932 eingetreten, ohne bereits zu wissen, was dann 1970 geschehen würde. Mit drei weiteren Schul- und Schachfreunden befanden wir uns damals im Abiturjahrgang des Fürst-Johann-Moritz-Gymnasiums. Zur personellen Unterstützung der Olympiade wurden wir trotz der herannahenden Prüfungen tatsächlich für die kompletten drei Wochen vom Unterricht freigestellt.

Als einer von 60 Helfern war ich damals dazu eingeteilt, täglich nachmittags zwei der 120 regulären Partien mitzuschreiben, damit keine der Partienotationen verloren gingen bzw. wegen Unleserlichkeit nicht mehr rekonstruiert werden konnten.

Zurückblickend kann ich sagen, dass die Schacholympiade für mich ein herausragendes Ereignis war. Dem Schachsport bin ich seitdem treu geblieben. Und auch der SV Weidenau/Geisweid e. V. durfte nach meinem zwischenzeitlichen Studium in Münster wieder auf mich zählen.

Heinz-Roland Send *aus Siegen. Quellenangaben: http://www.siegener-schachverein.de/chronik; https://de.chessbase.com/post/siegen-1970.*

Ausstellung zu „50 Jahre Schacholympiade Siegen 1970"

Als in den 2010er-Jahren das Jahr 2020 immer näher rückte, wurden im Schachbezirk Siegerland Stimmen laut, man müsste doch 2020 in irgendeiner Form an das Großereignis *XIX. Schacholympiade Siegen 1970* erinnern. Zwar waren viele der damaligen Organisatoren in der Zwischenzeit verstorben, aber es gab immer noch eine größere Anzahl von Zeitzeugen, die ihre Eindrücke, Erlebnisse und Erfahrungen von damals einbringen konnten. So kam es, dass in der Jahreshauptversammlung des Schachbezirks Siegerland im Juli 2019 das Thema diskutiert und ein Ausschuss gebildet wurde, der sich Gedanken machen sollte, wie eine Erinnerungsveranstaltung aussehen könnte.

Dieser Ausschuss nahm auch unverzüglich seine Arbeit auf. In einem Gespräch einiger Ausschussmitglieder mit dem Bürgermeister der Stadt Siegen, Herrn Steffen Mues, konnte diesem die weltweite Aufmerksamkeit dargelegt werden, die die Stadt Siegen damals durch die Schacholympiade erfahren hatte. Zumindest in Schachkreisen war Siegen über die deutschen Grenzen hinaus in aller Munde. Herr Mues erklärte sich deshalb bereit, die Schirmherrschaft für eine Ausstellung zu übernehmen und Räumlichkeiten im Krönchen-Center zur Verfügung zu stellen.

Dem Wunsch, die Ausstellung möglichst kalenderkonform mit der Schacholympiade, nämlich im September 2020, stattfinden zu lassen, konnte nicht entsprochen werden. Die vorgesehenen Räumlichkeiten im Krönchen-Center waren schon ein Jahr zuvor von der Volkshochschule belegt worden. Kaum hatte sich der Ausschuss auf den neuen Termin Oktober/November 2020 eingestellt, trat ein neues, riesiges Problem auf – die Corona-Pandemie. Als im Laufe des Jahres 2020 immer mehr Veranstaltungen gestrichen oder verlegt werden mussten, z. B. die Fußball-Europameisterschaft der Männer-Nationalmannschaften und sogar die Sommer-Olympiade in Tokio, war der Termin

Oktober/November 2020 nicht mehr zu halten. Die Stadt Siegen bot daraufhin dieselben Räumlichkeiten für Oktober/November 2021 an.

Es stellte sich aber bald heraus, dass die vom Robert-Koch-Institut regelmäßig bekannt gegebenen Pandemie-Kennzahlen, Inzidenzen genannt, im Winter 2021/2022 in Höhen stiegen, die vorher undenkbar waren. Der Olympia-Ausschuss entschloss sich deshalb in Abstimmung mit der Stadt Siegen, die Ausstellung um ein weiteres Jahr zu verschieben, nämlich auf den Zeitraum vom 8.10.2022 (Eröffnungsveranstaltung) bis 29.10.2022.

Gemäß dem Sprichwort *Was lange währt, wird endlich gut*, konnte dann am 6.10.2022 das aufgebaut werden, was lange zuvor geplant und besprochen wurde:

1. Eine Weltkarte mit Miniatur-Nationalflaggen der 60 teilnehmender Länder,
2. ein Fernsehapparat mit 2 Filmen auf einem Stick
   a) erweiterter, mit Sprache versehener und teilweise verbesserter und aufgehellter Stummfilm von 1970,

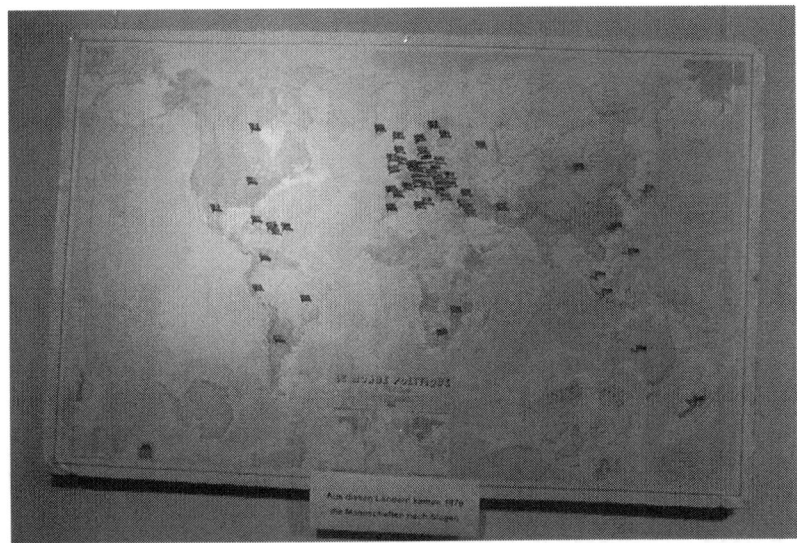

Weltkarte mit Miniatur-Nationalflaggen der 60 teilnehmender Länder.

b) Video-Aufnahme zur Schacholympiade aus der Reihe „Unser Siegen"
3. Großbilder mit Schachaufgaben
a) Originalaufgaben von 1970,
b) neue Schachaufgaben (Auflösung am 29.10.2022)
4. insgesamt 92 Bildtafeln DIN A2, aufgehängt in einem langen Flur, und zwar
a) 44 Porträts,
b) 34 Unterschriften berühmter Olympiateilnehmer,
c) 3 Mannschaftsunterschriften (UdSSR, USA, BRD) und
d) 11 Tabellen der 6 Vorrunden- und 5 Endrundengruppen
5. 2 Vitrinen mit Original-Unterlagen von 1970 (Schachfiguren, Schachbretter, Festschrift, Schachlogo, Partien-Sammlungen, Bier- und Schnapsglas mit Olympiaaufdruck, Embleme, Bilder u. ä.).

Die Eröffnungsveranstaltung am Samstag, den 8.10.2022, lief dann folgendermaßen ab:
1. Reden und Grußworte (ein Mitglied des Organisationsteams, Bürgermeister Steffen Mues, Vertreter des Landrats Andre Jung, Vertreter des Präsidenten des Schachbundes NRW Daniel Mohr)
2. Ausstellungs-Rundgang,
3. Vorführung des Films „XIX. Schacholympiade 1970 in Siegen - Erinnerungen nach 50 Jahren"
4. Imbiss.

Eröffnung der Ausstellung im Krönchen-Center.

Kurz vor Beginn dieser Veranstaltung hatte der WDR ein kleines Team geschickt, das Bilder machen und Stellungnahmen einholen sollte. Am Montag, den 10.10.2024, wurde dieser Beitrag – wenn auch stark verkürzt – in der beliebten Sendung *Lokalzeit Südwestfalen* ausgestrahlt. Auch die Siegener Zeitung und die Westfälische Rundschau waren durch einen Reporter zugegen und berichteten anschließend.

Während die Eröffnungsveranstaltung hinlänglich gut besucht war, kann das für die drei Wochen der Ausstellung leider nicht gesagt werden. Das Organisationskomitee hatte zwar dafür gesorgt, dass stets zwei Schachfreunde zugegen waren, um Auskünfte zu geben und Fragen beantworten zu können, aber nicht selten warteten diese beiden Schachfreunde auf interessierten Besuch.

Es zeigte sich einmal mehr: Schach ist eine Randsportart und kann in der Gunst der Öffentlichkeit mit den Bewegungssportarten nicht Schritt halten. Die Ausstellung machte deutlich, dass nur Bilder, Porträts, Unterschriften, Embleme und Gegenstände gezeigt werden können, aber nicht Bewegungsabläufe, Aktionen, Szenen. Selbst wenn das, was im menschlichen Gehirn abläuft, von Fach-Wissenschaftlern immer mehr erforscht wird, dürften diese Abläufe auch in Zukunft kaum anschaulich und damit publikumswirksam darstellbar sein.

Erschwerend kam noch hinzu, dass auch im Herbst 2022 die Corona-Pandemie noch nicht vorbei war. Im Gegenteil: Mehrere Personen hatten sich – vermutlich während der Eröffnungsveranstaltung – infiziert und mussten folglich der Ausstellung fern bleiben, um nicht weitere Ansteckungen zu verursachen. So muss jeder für sich selbst die Frage beantworten: Hat sich die Ausstellung gelohnt oder nicht?

Anmerkungen: Der oben genannte Film ist auffindbar mit den Stichworten *XIX Schacholympiade 1970 in Siegen – Erinnerungen*. Ein Interview mit Zeitzeugen von damals kann man auf der Plattform *Unser Siegen* unter *Schacholympiade 1970 – Die Welt zu Gast in Siegen* aufrufen.

Verfasser: 5 Ausschussmitglieder, federführend **Reinhard Radtke.**

Die einst bedeutende
Siegerländer Lederindustrie

Mit Abbruch der Lederwerke in Hilchenbach im Jahre 1993 wurde das letzte Domizil der einst so bedeutenden Siegerländer Lederindustrie verabschiedet. Der Gerber, der das Berufsbild unserer Heimat, des Siegerlandes, über Jahrhunderte mit geprägt hat und somit für den Lebensunterhalt über viele Generationen beigetragen hat, ist damit hier nahezu verschwunden. Nur im Netpher Ortsteil Eschenbach existiert noch eine kleine Gerberei. Aber überall findet man noch Namen, die auf die mächtigen Gerbereien der Vergangenheit hinweisen.

Von allen Gegenden Deutschlands, die bereits im Mittelalter den Gerbern eine Heimstätte gewährten und über Jahrhunderte blühende Gerberzünfte aufwiesen, nimmt das Siegerland eine Spitzenstellung ein. Bereits 1311 taucht in einer Urkunde die älteste Lohmühle in Siegen auf. Die Gerber wohnten bis zum 16. Jahrhundert überall in der Stadt Siegen verteilt. In dem Lohgraben, es war ein Graben, welcher vom Weißbach abgeleitet wurde, spülten sie ihre Häute. In jener Zeit erhielt in Siegen das Wetzlarer Tor den Namen Löhrtor und die dahin führende Straße, in die nun die Gerber gezogen waren, den Namen Löhrstraße (Lohstraße). Die Besitzer legten aber erst im 17. Jahrhundert ihre Lohbäue an den Lohgraben.

Die Häute wurden nach dem Entfernen der Oberhaut (Fell) und der Gewebeschicht mit Gerbmitteln (gemahlene Eichenrinde) längere Zeit in Gruben (Gerbbottige) gelegt. Nun begann die chemische Umwandlung tierischer Häute in Leder. Dies geschah durch Einwirken von Gerbstoffen. Diese setzten das Eiweiß der Häute in haltbare Verbindungen um. Zuvor wurde auf sogenannten Scherböcken die Haarseite der Felle mit stumpfen zweigriffigen Haareisen abgeschabt und an die Filzfabriken verkauft. Beim Abscheren der Hautunterseite benutzten die Gerber scharfe Schereisen. Es waren zweigriffige gebogene *Scherdegen*, die früher im Zunftwappen der Loher zu sehen waren.

Dieser mit Kalkmilch konservierte Abfall wurde als Leimleder an die Leimfabriken verkauft. Die Gerbbottiche, auch Lohkästen genannt, wurden aus dicken Eichenbohlen ohne Nägel hergestellt, denn Lohe und Leder durfte mit Eisen nicht in Verbindung kommen. Die Kästen ließ man im Freien oder im überdachten Grubenhof in Erdgruben ein. Ihre Anzahl bestimmte einst die Größe und den Besitzstand des Gerbereibetriebes.

Grundlage der Siegerländer Gerbereien war von jeher der Lohbestand der Hauberge. Lohe ist die gemahlene Rinde junger Eichenstämme und der ideale Gerbstoff. Es gab seinerzeit kein Produkt, bei dem das Verhältnis der Schwell- und Tanninstoffe zum Gerben so günstig war wie hierbei. Aus der wohl einmaligen Haubergswirtschaft im Siegerland kam nicht nur die Holzkohle für die Hüttenfeuer, sondern auch die Eichenrinde für die Gerbereien, was beides unersetzlich war. Die Zunft der Gerber und Schuhmacher hatte 1455 in Siegen 31 Mitglieder und 1483 schon 47. Nur sie besaßen von allen Siegerländer Zünften seinerzeit ein eigenes Haus, es war die Gaffel. Daran kann man sehen, welche enorme Bedeutung die Gerber hatten.

Graf Johann gab 1504 der Siegener Loherzunft einen interessanten Kurbrief, es heißt u. a.:

Wir wullen, das die Loer in unser Stait Siegen gut gair Leder machen sullen ...

Hieraus geht hervor, dass sie für den eigenen Gebrauch im Siegerland und die Fürsten arbeiteten. Später produzierten sie dagegen viel mehr, und zwar für den offenen Markt. Die Messen in Frankfurt a. M. waren nun ein besonderes Absatzgebiet.

Mit allen Mitteln versuchten sich die Gerber der Stadt Siegen gegen die Ausbreitung ihres Gewerbes aufs Land zu wehren. Man hatte erkannt, dass die Gerberei ein sehr lukratives Geschäft war. Sie breitete sich aber aufs ganze Siegerland aus und führte zu erbitterten und harten Kämpfen über viele Jahre. Die Siegener lagen besonders mit den Hilchenbachern und Freudenbergern im Clinch, wo weitere Mittelpunkte der Lederherstellung entstanden waren. Der Streit wurde 1684 vom Fürsten Wilhelm Moritz beendet. Die Streitparteien wurden zu einer besonderen Zunft, mit neutralem Sitz in Ferndorf, zusammengeschlossen.

Durch eine neue Forstverordnung des Fürsten Friedrich Wilhelm Adolf wurden 1711 die Haubergskulturen im Siegerland aufgewertet. So wurde neben der Holzkohle auch die Gerberlohe (Eichenrinde) als wichtiger Bestandteil festgeschrieben. Wenn es zunächst auch noch bei Kleinbetrieben blieb, so erlebten die Gerbereien hierdurch doch einen gewaltigen Aufschwung. Die Betriebe entwickelten sich sogar rascher als die Schälwaldwirtschaft, wie man aus ihrer Sicht die Haubergswirtschaft nannte, da sie ja nichts anderes als die geschälte Rinde von jungen Eichenbäumen benötigten. Hierdurch entstand eine enorme Lohteuerung und es gab einen langjährigen Kampf um das Vorkaufsrecht der Lohe zwischen der Dillenburger und Siegerländer Loherzunft. Die gemeinsame Regierung in Dillenburg, die sehr viele Eingaben von beiden Parteien erhielt, konnte keine Einigung erreichen und gab 1787 den Lohbestand frei. Entgegen allen Voraussagen konnte diese freiheitliche Verordnung den Gerbereien keinen Einhalt bieten. 1791 hatte das Siegerland 69 Gerbereien. Hiervon waren im Amt Netphen vier, Amt Hilchenbach elf, Amt Freudenberg 15 und in der Stadt Siegen 25 zu Hause. In den meisten Gerbereien waren im 18. Jahrhundert der Meister mit seinen Söhnen und zwei bis vier Knechte beschäftigt.

Einen gewaltigen Einbruch gab es allerdings durch die französische Fremdherrschaft. Ja, wenn das Vaterland leidet, so leiden alle seine Bürger mit ihm. Nicht nur im Gemüt, sondern auch im Handel und Wandel. Das bis dahin so blühende Gerberhandwerk kam fast zum Erliegen, auch die Haubergswirtschaft litt hierunter sehr. So kostete 1807 die Lohe, nach einer Gewichtseinheit von 110 Pfund, gerade noch 20 Sgr..

Durch den preußischen Zolltarif vom 26. Mai 1818 (Schutz gegen ausländische Mitbewerber) und nach der Gründung des Zollvereins am 1. Januar 1834 ging es rasch wieder aufwärts. Allein in Hillnhütten, der Ort wurde 1901 auf eigenen Wunsch nach Dahlbruch eingemeindet, wurden von 1828 bis 1832 bei etwa 125 Einwohnern drei Gerbereien neu eingerichtet. Im Jahre 1852 sind im Siegerland 88.000

rohe Häute, meist importierte Wildhäute, zu Sohlleder verarbeitet worden. Es war zehnmal so viele wie 1818.

Nun begann für die heimische Lederindustrie ein unvorstellbarer Aufschwung. 1864 wurden bereits 100.000 Felle verarbeitet. Die Zahl stieg von Jahr zu Jahr mit einer Ausnahme von 1870. Sie erlangte 1891 den Höhepunkt mit 156.000 Häuten, es waren meistens importierte Wildhäute, die in den Gerbereien zu Sohlleder verarbeitet wurden. Zu dieser Zeit hatte das Siegerland nur 85.000 Einwohner, etwa ein Drittel der heutigen Einwohnerzahl. Um diese enorme Anzahl zu verarbeiten, benötigte man etwa 15.000 Tonnen getrocknete Eichenrinde, eine riesige Menge, im Werte von 1 ½ bis 2 Millionen Mark. Dies waren, was einem unvorstellbar erscheint, 7.500.000 Eichenstämme, die manuell geschält wurden. Erwirtschaftet hatte man hiervon circa 2.800 Tonnen Sohlleder im Wert von 7.750.000 Mark.

Aus dem vielen Lohabfall entstand begehrtes und billiges Heizmaterial. Es waren die sogenannten Lohkuchen, die in 20 x 20 x 8 Zentimeter große Formen gepresst und danach getrocknet wurden. Diese Lohkuchen waren bei dem ständigen Holzmangel, der seinerzeit im Siegerland herrschte, sehr begehrt. Die günstigsten Ertragsjahre waren von 1852 bis 1873. In dieser Zeit wurden nicht unbedeutende Vermögen erworben, selbst die Haubergsbesitzer hatten eine glänzende Rente. Das Siegerländer Sohlleder hatte eine führende Stelle auf dem deutschen Ledermarkt und erzielte dank seiner sehr guten Qualität die höchsten Preise. Absatzgebiet war das ganze Deutsche Reich, besonders Mittel- und Norddeutschland bis hin nach Tilsit an der Memel. Auch der Rückgang der Messen, auf denen seiner Zeit ein Teil der Produktion abgesetzt worden war, wurde leicht verkraftet, denn es hatte sich eine feste Kundschaft gebildet.

Die größten und sichersten Abnehmerrinnen waren die preußische und die sächsische Heeresverwaltung sowie die Reichsmarineverwaltung. Das Leder war hervorragend für Militärstiefel geeignet. Man wollte nicht den Fehler machen wie andere Länder, dass ganze Armeen im Winter wegen jämmerlichem Schuhwerk kampfunfähig wurden. Die Heeresverwaltungen hatten dies längst erkannt und hielten an dem Siegerländer Leder fest. Unter anderem wurde folgende Aussage gemacht: „Und wenn unsere Söhne wieder unseren Wünschen einmal sollten mit dem Gewehr auf der Schulter an die Grenze ziehen müssen, zur Verteidigung von Vaterland und Heimat, so mögen sie sich freuen auf Siegerländer Sohlen trockenen Fußes in Feindesland zu gelangen." Auch der Siegerländer Ausspruch, der nur noch bei sehr wenigen im Sprachgebrauch ist: „Haut sie, dass die Lappen fliegen", stammt aus dieser Zeit. Lappen sind in Alt-Siegerländer Mundart Stiefelsohlen.

Die Siegerländer Hauberge, die seinerzeit 77 % der Waldfläche betrugen, lieferten die Eichenrinde in großen Mengen und hervorragender Güte. Es reichte aber bei Weitem nicht und so mussten die benachbarten Kreise, Gebiete an der Mosel, die Ardennen und Waldgebiete aus Ungarn noch Lohe liefern.

Tüchtige Lohschäler erreichten, wenn der Saft in die Eichenstämme gestiegen war, bei günstiger feuchtwarmer Witterung, eine Tagesleistung von ungefähr 100 Kilogramm Lohe. Dies war etwa die Rinde von 50 Haubergseichen, die geschält werden mussten und circa sieben Kilogramm Gerbstoff erbrachten. Die getrockneten Lohröhren wurden zu je 15 Stück mit fünf bis sechs Reisern zu Lohbürden, die ein Gewicht von gut 30 Kilogramm hatten, zusammengebunden.

Bei solch einer rasanten Entwicklung blieb das Zunftwesen auf der Strecke. Das Handwerk war zur Industrie geworden. Wenn auch Klein- und Mittelbetriebe noch in der Überzahl waren, so entstanden auch größere Fabriken in Hilchenbach und Freudenberg. Mit die größte ist in Hilchenbach entstanden. Sie wurde 1993, wie oben erwähnt, als letzte dem Erdboden gleichgemacht. Auf dem Gelände ist u. a. ein Einkaufszentrum entstanden mit Namen Gerber-Park.

Das große Dilemma für die Siegerländer Lederindustrie kam bereits vor der Jahrhundertwende mit dem Quebrachoholz. Es ist eine südamerikanische Baumart mit hartem gerbreichem Holz. Es war der große Gegenspieler zur Eichenrinde und kam in Norddeutschland immer mehr zum Einsatz. Das hiermit gegerbte Leder, was besonders in Norddeutschland und an der Küste zum Einsatz kam, hatte längst nicht die Qualität wie das Siegerländer Leder, dafür war es aber billiger und viel schneller gegerbt.

Auch die Chemie brachte einen künstlichen Gerbstoff auf den Markt. Weiterhin kam mit der Industrialisierung die Modernisierung. An verschiedenen Standorten in Deutschland wurden neue Betriebe errichtet. Eine Überproduktion entstand und die Preise rutschten in den Keller. Somit begann schon um die Jahrhundertwende ein Überlebenskampf der Siegerländer Lederindustrie. Viele Betriebe mussten bereits Anfang des vergangenen Jahrhunderts ihre Tore schließen oder wurden zusammengelegt. Manche stiegen auch mit ihrem Kapital in andere lohnendere Geschäfte, z. B. die Eisenindustrie oder den Bergbau ein. Die Zahl der Betriebe war 1912 auf mehr als ¼ (18 Stück) zusammengeschrumpft und die verarbeitenden Häute auf 79.000 zurückgegangen. Hierzu wurden immerhin noch acht Millionen Kilogramm Lohe benötigt, um das Leder herzustellen, wesentlich mehr wie das Siegerland liefern konnte.

Welch hohes Ansehen die Siegerländer Lederindustrie einst hatte, soll eine Begebenheit aufzeichnen. Als am 12. Dezember 1891 Vertreter der Stadt Siegen dem Fürsten Bismarck den Ehrenbürgerbrief ihrer Stadt überreichten, äußerte Bismarck: „Am Himmel der Industrie bildet das Siegener Land ein helles Sternbild! In Eisen und Leder pflegt es zwei für die Wehrkraft besonders hervorragende Industrien!"

Heinz Bensberg: Geboren wurde ich am 6.11.1939 in Dahlbruch, Kreis Siegen (NRW), wo ich auch heute noch wohne. Dahlbruch ist 1969 bei der Gemeindegebietsreform nach Hilchenbach eingemeindet worden. Im Stadtrat von Hilchenbach war ich viele Jahre als Ratsmitglied tätig. 2003 wählte man mich zum Ortsheimatpfleger von Dahlbruch. Zu den Aufgaben eines Ortsheimatpflegers zählt es auch, wenn möglich, das Historische des Ortes und der Region festzuhalten. Aus diesem Grunde habe ich von Dahlbruch und dem Ferndorftal etwas aus den vergangenen Tagen aufgelistet. Aber auch aus dem Siegerland wird über Vergangenes berichtet.

Der Held von Siegen

Allmählich dämmert es in Siegen. Anna steht auf dem Gehsteig. Ein praller Rucksack hängt auf ihrer linken Schulter, darin ist ihr restliches Hab und Gut. Ein zerknitterter Zettel in ihren Händen verweist auf eine nicht weit entfernte Unterkunft. Klaus, ein Taxifahrer, der seit vielen Jahren in Siegen ansässig ist, winkt sie heran und ruft: „Mädchen komm, steig ein!"

Nicht ahnend, dass sie sich wie gute Bekannte verstehen würden, lächelt Klaus Anna zu. Sie wirken wie zwei Menschen, die sich in einer fremden Sprache unterhalten, während ihre Hände und Füße hilfsbereit übersetzen. Klaus zieht seine Kappe tiefer ins Gesicht und versucht, das gemischte Deutsch zu sprechen, das er sich über die Jahre angeeignet hat. Ein Siegener Dialekt, der sich mit den Worten seiner internationalen Fahrgäste vermischt.

Klaus öffnet die Tür zu seinem Taxi und bedeutet Anna, auf die Rückbank zu steigen. „Komm rein, kein Problem!", sagt er und ein Rauchgeruch von der Zigarette, die an seinem Mundwinkel hängt, zieht durch das Auto.

Anna blickt auf die saubere Rückbank des Wagens, die stark im Kontrast zu ihrer ungepflegten, teils zerrissenen Kleidung steht. Sie schnallt sich an – ihre kurze Reise wird an einer Notunterkunft enden.

Während Klaus den Motor seines Taxis startet, wirft er einen Blick über den Rückspiegel auf Anna und ihren verwaisten Rucksack daneben. „Woher kommst du?", fragt er und atmet dabei schwer, als habe er gerade einen schweren Koffer gehoben.

Anna versucht, ihm mit einigen Brocken Deutsch von dem Fluchtkorridor zu erzählen, den sie durchquert hat, um hierherzugelangen.

Vor der Notunterkunft hält Klaus an, schnallt Anna ab und hilft ihr aus dem Auto. Dabei nimmt er ihr den Rucksack ab und schaut in ihre um Hilfe bittenden Augen. Klaus nimmt einen letzten Zug seiner Zigarette und lächelt freundlich.

„Komm, ich habe eine Idee!" Mit einem milden Lächeln schlägt er

Anna vor, sie auf unbestimmte Zeit in seinem ungenutzten Abstell-raum wohnen zu lassen.

„Ich helfe dir, wo ich kann, das wird schon", sagt er, und in diesem Moment scheint die ungewisse Zukunft für Anna ein kleines bisschen heller zu werden.

Oliver Fahn, *geboren 1980 in Pfaffenhofen an der Ilm, Oberbayern, ist ein vielseitiger Autor. Seine Werke sind in anerkannten Publikationen wie DUM, Poets of the New World, Radieschen, eXperimenta und etcetera erschienen. Zudem wurden seine Texte von der Stadt St. Pölten und der Friedrich-Naumann-Stiftung veröffentlicht. Gemeinsam mit der Schrift-stellerin Polina Jäger nimmt er regelmäßig an Wettbewerben teil.*

Goldene Konfirmation 2005

Bei besonderen Anlässen beginnt man oft, über Vergangenes zu reflektieren. So wird es vielen von uns ergangen sein, als die Einladung zur Goldenen Konfirmation ins Haus flatterte: Man begann unwillkürlich, über Kindheit und Jugend nachzudenken, und so manches wurde in der Erinnerung lebendig.

Wir sind Jahrgang 1940/41 und erlebten damit unsere ersten Jahre im Krieg teilweise schon sehr bewusst. Wir waren Kriegskinder! Man erinnert sich des Sirenengeheuls, an Tage und Nächte im Bunker, an Bombardierungen von Nachbarhäusern, an kleine weiße Särge im Bunkereingang. Auch die Bombardierung Siegens ist mir noch in Erinnerung, zumindest der glutrote Himmel. Da es Vorweihnachtszeit war, 16. Dezember 1944, glaubte ich, dass das Christkind Plätzchen backte – die Erwachsenen ließen mich, die damals noch nicht ganz Vierjährige, gnädigerweise in diesem Glauben.

Nach dem Kriegsende gerieten viele Väter in Gefangenschaft, waren vermisst oder gefallen. Die Mütter hatten *ihren Mann* zu stehen, sie waren zuständig für die Versorgung der Familie, waren *Trümmerfrauen* und machten *Hamstertouren*. Sie flickten Wäsche bei hessischen Bauern und waren glücklich, dafür ein paar Eier, etwas Mehl oder Kartoffeln zu bekommen. Aber wir waren am Leben und hatten unser Heim behalten im Gegensatz zu den vielen Flüchtlingen, die auch ins Siegerland evakuiert und sicherlich nicht immer mit offenen Armen empfangen wurden. In Häusern, in denen normalerweise ein bis zwei Familien gelebt hatten, wurde nun oft pro Zimmer (!) eine Familie untergebracht.

In das Jahr 1947 fiel dann unser Schulbeginn. Von meiner Großmutter bekam ich den Ranzen, den ihr gefallener jüngster Sohn getragen hatte, und auch seine alte Schiefertafel fanden wir noch. Meine Mutter konnte der überglücklichen Lehrerin einige alte Schulbücher überlassen, die ihr dann als einziges Unterrichtsmaterial dienten. Wir Kinder waren durchweg unterernährt, blass und mager, und die Schulspeisung durch die Amerikaner, die Quäkerspeise, war für viele lebenswichtig. Irgendwie kann ich mich heute noch an den Geschmack der Haferflockenspeise mit Rosinen und den Kakao erinnern.

Es kam ein bitterkalter Winter mit Eis und Schnee. Über den dünnen Schuhen, häufig sogar nur Sandalen, trugen wir, um das Ausrutschen zu verhindern, dicke Socken oder Lappen, die dann am Ofen im Klassenzimmer getrocknet wurden.

Auch in den folgenden Jahren herrschte in zahlreichen Familien, oft mit vielen Kindern, die Armut vor. Trotzdem waren wir, glaube ich, keine zutiefst unglücklichen Kinder; wir waren zufrieden mit dem, was wir hatten und erfreuten uns an einfachen Dingen. In den 50er-Jahren ging es dann langsam aufwärts, und Krieg und Nachkriegszeit gerieten für uns Kinder mehr und mehr in Vergessenheit.

1953 begann dann der kirchliche Unterricht – Vorkatechumenen – Katechumenen – Konfirmandenunterricht. Das hieß: drei Jahre lang zweimal die Woche Unterricht, sonntags Präsenzpflicht im Gottesdienst und Inhaltsangabe der Predigt – und das alles unter der Ägide eines gestrengen Seelsorgers, von Pastor Jochums!

Für uns Kinder war er eine absolute Autorität und nicht ungefürchtet wegen seiner hartnäckigen Bekehrungsversuche, die gewiss in guter Absicht geschahen aus Sorge um unser Seelenheil, oft aber leider auch das Gegenteil bewirkten, d. h. nach der Konfirmation war die Erleichterung groß, nun diesen Zwängen und dem Druck entronnen zu sein.

Bewundernswert aber war sein Einsatz für die sehr große Gemeinde, das sich Kümmern um die Gemeindeglieder. Er machte regelmäßig Hausbesuche, die allerdings merkwürdigerweise meist in die Essenszeit fielen. Er ließ sich nicht lange bitten und langte kräftig mit zu. Auch Beerdigungen waren wohl nicht das Ärgste für ihn, gab es doch hinterher immer den von ihm heiß geliebten Streuselkuchen!

Unumstritten waren seine hohe Intelligenz, seine Redegewandtheit, seine Geradlinigkeit, die er besonders auch im sogenannten Dritten Reich durch seine Zugehörigkeit zur Bekennenden Kirche bewiesen hatte.

Ja, unsere Konfirmation mit strenger Vorprüfung war ein großes Ereignis, von Kirche und Eltern festlich gestaltet. Prüfkleid, Konfirmationskleid waren zuvor das Thema für uns Mädchen. Wir durften nun offiziell und endlich Nylonstrümpfe tragen, fühlten uns absolut erwachsen. Die Zöpfe durften allerdings erst später, zunächst auf Pferdeschwanzlänge, dann ganz der Schere zum Opfer fallen.

Die Jungen, bis dahin eben Jungen in kurzen Hosen, standen plötzlich als junge Männer im schwarzen Anzug vor uns! Verglichen mit den heutigen Gaben zur Konfirmation fielen unsere Geschenke bescheiden aus: Wir freuten uns über Sammeltassen, gehäkelte Taschentücher, kleine Vasen, Deckchen und dergleichen oder vielleicht auch über die Uhr fürs Leben!

Für viele von uns begann dann der Ernst des Lebens, die Lehrzeit. Ich sehe noch am Tag nach der Konfirmation – ich schlief wegen des Übernachtungsbesuchs bei Tante Gretchen am Bogen – eine Mitkonfirmandin morgens gegenüber zur AOK pilgern, um dort ihren Dienst anzutreten. Ich beneidete sie einerseits, war aber doch froh, dass ich noch zur Schule gehen konnte.

Und das alles ist nun sehr lange her – unsere Eltern waren damals im Alter unserer Kinder jetzt, die meisten von ihnen sind lange verstorben, und wir denken heute sicher in besonderer Weise an sie. Viele von den damaligen Konfirmanden sind im Siegerland geblieben. Andere verschlug es weiter weg, wie z. B. nach Australien, ans andere Ende der Welt. Leider sind aber auch sehr viele in der Zwischenzeit verstorben und auch ihrer gedenken wir.

Es ist schön und wir freuen uns, dass wir heute hier
zusammenkommen und uns der gemeinsamen Zeit erinnern können.

Ein Gedankensplitter von Johann Wolfgang von Goethe:

Der Rückblick auf so mancherlei Situationen, die man durchlebte, die Erinnerung an so viel Stimmungen, in die man sich versetzt fühlte, macht uns gleichsam wieder jung, und wenn man fühlt, dass man mit den Jahren vielleicht an Übersicht, Einsicht und Erfahrung gewonnen hat, so glaubt man einigen Ersatz zu sehen, wenn sich Energie und Fülle nach und nach verlieren will!

Heidi Vetter.

Heidi Vetter *ist im Januar 2019 im Alter von 79 verstorben.*

Clowns klopfen am Fenster

In den Jahren 1956/1957 wird auf Plakaten der Zirkus in Siegen angekündigt. Als es so weit ist, werden die Elefanten vom Siegener Bahnhof zu Fuß zum Nordplatz (heute Arbeitsamt) geführt. Das war schon eine Attraktion für sich. Für uns Kinder war das ein abenteuerliches Erlebnis. Was die Elefanten fallen ließen, hob ganz schnell das Threßchen für ihren Garten auf. Es war eine schöne Zeit zwischen Nordplatz, Nordschule, Marienkrankenhaus und Siegberg.

Mit meinen Eltern und fünf Geschwistern wohnte ich in der Nordstraße, direkt neben der Nordschule/Nordhalle, ziemlich zentral.

Die Zirkuswagen standen auf beiden Seiten entlang der Nordstraße und Elisabethstraße. Das große Zelt und die Tierzelte wurden am Nordplatz aufgestellt. Da gab es viel zu sehen und zu staunen. Einfach eine andere Welt, Abenteuer pur.

Unser Kinderleben verlief aber im gewohnten Ablauf. Auch im Sommer lagen wir alle um 19:00 Uhr in den Federn. Im Zimmer war es hell, denn es gab nur Übergardinen und keine Jalousien. Der Lärm von der Straße drang bis ins Zimmer im 1. Stock. Die Zirkusleute waren noch fleißig bei der Arbeit. Meine Geschwister und ich erzählten auch noch, wie großartig es sei, dass die Zirkuswagen vor der Haustüre stehen, und freuten uns auf den nächsten Tag. Plötzlich klopfte es ans Fenster. Klopfte es tatsächlich ans Fenster im ersten Stock?

Als Älteste zog ich etwas ängstlich und vorsichtig ein bisschen die Gardine zurück – und guckte erschrocken und verdutzt einem lächelnden Clown ins Gesicht. Ein zweiter schaute plötzlich in das Seitenfenster. Aber wieso waren sie so groß, dass sie ins Fenster im ersten Stock schauen konnten? Sie haben dann Frätzchen gemacht und wir hatten unseren Spaß.

Als sie sich entfernten, sah ich, dass sie auf sehr großen Stelzen unterwegs waren, die mit langen Hosenbeinen verdeckt waren. Sie liefen Reklame für die Zirkusvorstellungen. Wir haben ihnen noch zugewinkt und uns dann fröhlich und zufrieden ins Bett gelegt.

Jedes Jahr war der Zirkus auf dem Nordplatz und alle Kinder in der Nachbarschaft freuten sich immer darauf. So war in unserer kleinen Welt – Nordstraße, Schlämmchen, Elisabethstraße und Emilienstraße – öfter im Jahr ordentlich was los. Zum Beispiel:

Boxkämpfe in der Nordhalle, in der wir für ein Eis vom Trainer die Stühle gereinigt und aufgestellt haben.

Feldhandball auf dem Nordplatz.

Im Winter mit dem Schlitten den steilen Siegberg hinunter. Vorher wurden die Treppenstufen auf der linken Hälfte mit viel Schnee zu einer glatten Fahrbahn ausgeglichen. Unten stand abwechselnd einer Schmiere und warnte vor herannahenden Fahrzeugen. Bei: „Bahn frei", landeten die Zweiergespanne immer direkt an der Absperrung des Nordplatzes, an der man noch einige Meter weiter entlangschlitterte.

Für uns Kinder war es ein Traum und ich denke noch gerne an die Zeiten zurück. Eine schöne Kindheitserinnerung.

Christa Ising, geborene Reuber, Jahrgang 1947, aus Wilnsdorf-Gernsdorf.

Das alte
Siegerländer Bauernhaus

Da das Siegerland nicht an einer wichtigen Handelsstraße lag, keine große Wasserader durch unsere Heimat floss, wodurch sich unter anderen Ansiedlungen gebildet hätten, waren es bei uns häufig nur wenige Bauernhäuser, die zur Gründung der Ortschaften geführt haben. Auch der Ort Dahlbruch, den die Industrie geformt und geprägt hat, ist von drei Bauernhöfen gegründet worden. Aus diesem Grunde wurde Dahlbruch auch im Volksmund Dreidorf genannt. Frei und schlicht erhoben sich einst die alten, bodenbeständigen Siegerländer Bauernhäuser auf der grünen Dorfflur oder lehnten sich geborgen an den Bergeshang. Es waren aus Eichen, gezimmerte Fachwerkhäuser und in ihrer gefälligen Form und weißen Anstrich weithin sichtbar.

Bei unseren alten Bauernhäusern handelte es sich um eine Mischform von fränkischer und westfälischer Bauart. Beim westfälischen Hause waren Menschen und Tiere unter einem Dache vereint nur mit einer einzigen Feuerstelle im hinteren Teil der Mitteldiele. Dagegen waren beim fränkischen Bauernhaus Scheune und Ställe getrennt von den Menschen und bildeten einen rechteckigen Hofraum. Zeichnete sich das westfälische Haus an der Giebelseite mit einem großen Eingangstor aus, so hatte das fränkische Gehöft eine gewöhnliche Haustüre an der Längsseite, und eine besondere Einfahrt zum Hofe. Weiterhin waren beim westfälischen Hause die mächtigen Holzständer im Inneren maß- und formgebend für den ganzen Bau, und die Außenwände bildeten nur den Abschluss. Dagegen trugen beim fränkischen gerade die Außenwände die ganze Last des Daches.

Unser Siegerländer Bauernhaus gehörte nun, da es neben der Küche mit dem Herde noch eine selbstständige Stube mit einem Ofen hatte, zu den sogenannten Zweifeuerhäusern, also in dieser Art zu den fränkischen. Dagegen war der Grundriss wieder dreischiffig angelegt und Mensch und Tier wie beim westfälischen Hause unter einem Dache vereint. Es fehlte ihm aber wieder das hohe Eingangstor, stattdessen hatte es die quergeteilte fränkische Haustüre. An die westfälische Bauweise erinnerte aber wieder der Giebelschmuck in Gestalt zweier sitzender Häschen. Dagegen kamen die Pferdeköpfe der alten Sachsenhäuser im Siegerland nirgends vor.

Da ein natürlicher, brauchbarer Baustein im Siegerland nicht vorhanden war, bestand der Baustoff für das alte bodenbeständige Bauernhaus aus Holz, Lehm und Roggenstroh. Die Grauwackerbänke, aus den zahlreich vorhandenen Steinbrüchen erbrachten für den Haussockel genug Steine. Auch Lehm war in den Talhängen reichlich vorhanden. Aber durch die Niederwaldwirtschaft herrschte stets Mangel an kräftigem Bauholz, was meistens aus dicken Eichenstämmen bestand, die zur Winterzeit bei abnehmendem Monde geschlagen wurden. Da 77 % des Siegerländer Waldes einst aus Hauberg bestand, kam dieses Holz oft aus den Randgebieten der Staatlichen Hochwälder, oder es wurde aus den Nachbargebieten heran gekarrt.

Nachdem das Hausgerippe nun endlich stand, kamen zwischen die Balken Flechtwerke aus Holz, das der Hauberg lieferte. Nun wurden die einzelnen Fächer mit einem Lehm, Strohgemisch verkleidet. Zum Schluss zog man mit einem Reiserbesen über die fertigen Wände noch Figuren. Es war die Herstellung des Lehmfachwerkes und wurde seinerzeit Klaiben genannt.

Da im hiesigen Raum kein geeignetes Schilf vorhanden war, weil es keine größeren Gewässer gab, wurden im Siegerland die Dächer mit Stroh gedeckt. Es war das haltbare, mannshohe Haubergsroggenstroh, was reichhaltig vorhanden war. Dieses handgedroschene (Maschinendrusch zerdrückt den Halm) Winterroggenstroh wurde in mehreren Schichten versetzt von der Traufe zum First, 35 bis 40 Zentimeter dick, auf Rundhölzer aufgetragen und befestigt. Die Rispenseite des Strohs zeigte immer nach oben. Die Hölzer hatten circa fünf Zentimeter Durchmesser und waren etwa so angeordnet, wie heute die Dachlatten liegen. Das Stroh wurde unter Zuhilfenahme einer Rundnadel mit einem 1,5 Millimeter dicken Kupfer- oder verzinktem Draht auf die Rundhölzer regelrecht aufgenäht. Davor verwendete man hierzu auch Weidenschächte und Stroh.

Die alten Bauernhäuser hatten ein steiles Satteldach von etwa 50 Grad ohne Firstbalken und keine Dachrinne. Dies war für die Stroheindeckung besonders geeignet, denn die Dichtigkeit war bei dieser Bauweise am größten. Besondere Fachkenntnisse gehörten zu der Firsteindeckung. Über den Giebel des Hauses wurden die Halme bündelweise gebogen, dann in das Stroh der Dachflächen sauber eingearbeitet und hier zweifach vernäht. Aus diesem Grunde wurde früher, im Gegensatz zu heute, bei uns auf kräftiges, übermannshohes Stroh großen Wert gelegt.

Die Temperaturen unter solch einem genähten Dach oder Weichdach, wie es auch genannt wurde, waren sehr konstant und angenehm. So ließ das aufgetragene Stroh im Sommer die Hitze draußen und im Winter die Kälte nicht herein. Aber auch die Feuchtigkeit wurde aus dem darunter liegenden Raum leicht durch das Dach abgeführt. Es konnte auch nicht zur Kondenswasserbildung kommen. Um diese Eigenschaft heute zu erreichen, muss schon eine sehr gute, kostspielige Dämmung verwendet werden. Die Lebensdauer von solch einem Weichdach betrug 30 bis 50 Jahre, ja, bei guter Pflege sogar 100 Jahre, wie das letzte Dahlbrucher Strohdach. Jeder Schaden durch Sturm oder tierische Schädlinge wie Ratten, Mäuse oder Vögel musste schnellstmöglich behoben werden. Dies geschah durch Nachnähen des Daches und durch Ausstopfen mit gekürzten Strohgarben, die in das Dach hineingetrieben wurden.

Durch die mannshohe **Hußdier** (Haustüre) kam der Besucher ins Innere des Siegerländer Bauernhauses. In uralter Zeit war die Haustüre in der Mitte noch quergeteilt. Es war eine Einrichtung, die mancherlei Vorteile bot. Tagsüber stand der obere Teil offen und gab dem fensterlosen **Ärn** (Hausflur) Licht und Luft. Der in der Diele Arbeitende konnte so über den unteren Teil hinweg die Vorgänge vor dem Hause beobachten. Bei Sommertage, wenn die ganze Türe offen stand, schob man zum Schutze gegen herumlaufende Hühner und Hunde das **Gaar** (Gatter) vor. Es war eine Lattentüre in gleicher Höhe wie der untere Türteil. Hiervon kam folgende Redensart, die man zu einem Menschen sagte, der über den schwierigsten Teil seiner Aufgabe noch nicht hinaus war: „**Dä es met der Broatwurscht noch net ewer de Gaar.** – Der ist mit der Bratwurst noch nicht über dem Gatter." Ähnlich wie ein Hund, der im Hause eine Wurst gestohlen hat und nun damit noch über das Gatter springen muss. Man gelangte von der Haustüre in einen großräumigen **Ärn** (Hausflur). In ihm wurde einst, als man noch kein **Gedänn** (Scheune) hatte, das Korn gedroschen.

Von der Diele aus kam man geradeausgehend in die **Keche** (Küche), die früher stets nach hinten lag. Ursprünglich haben Küche und Diele einen Raum gebildet. In der Küche fiel sofort der gemauerte **Fuerherd** (Feuerherd) auf, über dem an der eisernen **Hähl**, einer verstellbaren Vorrichtung zum Hängen, der **Grogge**, ein großer eiserner Henkeltopf mit drei Beinen, über dem Feuer hing. Auf dem **Driewes** (Dreifuß) standen kleinere Töpfe auf Topflöchern. Über dem Herde an der Wand fing ein mächtiger Holzmantel, die **Hearb** (Rauchfang) genannt, den Rauch auf und leitete ihn nach oben zu den Würsten und Schinken. Diese hingen da in einer besonderen Räucherei an Holzstangen. Um den Steinherd sammelten sich abends und in den trüben Wintertagen die Bewohner, denn er gab ihnen Speise und Wärme und neben der alten **Droalechte** (Tranleuchte) auch Licht. Neben dem Herde standen die Viehkessel, aber auch die Spülbank und die **Ahrechde** (Anrichte) mit dem Tellerbrett. Von der Küche aus ging ein Kanal, der Ab- und Spülwässer ableitete, hinter das Haus auf die Miste.

Aus der Küche gingen wir in die **Wohnstoab** (Wohnstube) mit einem großen **Kacheloawe** (Kachelofen). Er stand an der Wand zur Küche. Das Heizloch mündete in der Küche, von wo der Ofen auch beschickt wurde. Der Kachelofen wurde später durch einen gusseisernen ersetzt, deren Seitenplatten mit biblischen Geschichten verziert waren. Wohl am meisten mit der Geschichte vom *Verlorenen Sohn*. Deswegen hieß dieser Ofen auch im Sprachgebrauch: Der verlorene Sohn. Der Tisch war oft an der Wand befestigt und wurde nach dem Essen hochgeklappt. Die Redensart: „Die Tafel aufheben", hat sich hierdurch eingebürgert.

Von der Wohnstube ging man in die **Schloafkamer** (Schlafzimmer). Einst müssen Wohn- und Schlafzimmer eins gewesen sein mit einem geräumige **Familienbedde**, was mit einem Vorhang umgeben war und mitten im Zimmer stand. Dass die ganze Familie vor Jahrhunderten in einem großen Bett geschlafen hat, ging aus folgender Redensart hervor: „Dä will emmer medde em Bedde lajje – der will immer mitten im Bett liegen", was bedeutet, der will von allen immer das Beste haben.

Nach vorne zu beiden Seiten des **Ärns** lagen die Ställe, links der **Oaße-** (Ochsen-) und rechts der **Kohstall** (Kuhstall) oder umgekehrt. In einem Verschlag im Kuhstall waren auch Ziegen und Hühner, die auf der **Hurt** (Stange) saßen, untergebracht. „**Met de Hohner ob de Hurt goa** – mit den Hühner auf die Stange gehen", heißt, früh zu Bett gehen. War noch ein Pferd da, so stand es neben dem Ochsen oder bekam einen besonderen Stall wie die Schweine.

Über die **Drabbe** (Treppe) mit oftmals schön geschnitztem Geländer kamen wir in das Obergeschoss. Die ausgebauten Kämmerchen dienten meistens als Schlafstuben für die Kinder und die Eltern, die Wohnrecht bis zum Tode hatten und bei Bedarf selbstverständlich gepflegt wurden, oder anderen Familienmitglieder. Aber auch ein ledig gebliebener **Ohem** (Onkel) oder eine ledige **Waas** (Tante) aus dem Hause hatten noch Wohnrecht. Wenn sie auch nur auf einem Strohsack schliefen, so hatten sie doch ein Zuhause. Auch waren Räucherkammer, Vorratskammer, Fruchtbühne usw. hier vorhanden.

Durch einen besonderen Vorbau am Dache, dem **Aflahring** (Abladering), wurde das Heu vom Wagen direkt auf den Dachboden geladen. Fehlte eine solche Abladung, so war dafür eine Holztüre, das sogenannte **Ollernloch** (Speichertüre), im Giebel vorhanden. Über die **Ollerndrabbe** (Speichertreppe) kamen wir in den obersten Dachraum, wo Platz für allerlei Vorrat war. Unter den Firstbalken an beiden Giebelseiten war eine kleine lukenartige Öffnung, das **Ejjelsloch** (Eulenloch), gelassen.

Gingen wir nun noch vor das alte Siegerländer Bauernhaus, so sahen wir das Brennholz zu einem **Ärer** (Stapel) aufgeschichtet. In unmittelbarer Nähe lag auch der **Petz**, der gegrabene Ziehbrunnen, oder der **Born** (fließendes Wasser). Später wurde auch eine **Bombe** (Pumpe) angebracht, die auch schon mal in der Küche installiert war.

In einiger Entfernung sah man ab und zu **ein ahl Backes** (altes Backhaus). Da die Backhäuser meistens alt und baufällig waren, sagte man zu einem Menschen, der besondere Einfälle hatte: „**Dä hätt Enfäll we e ahl Backes** – der hat Einfälle wie ein altes Backhaus).“

Die Siegerländer waren einst sehr mit ihrer Heimat verbunden. Wie beginnt doch so schön, die über 1 1/2 Jahrhundert alte Hymne an das Siegerland, von dem Unlinghäuser Lehrersohn, Professor Jakob Heinrich Schick:

O Seejerland, o Seejerland, du häst minn bäste Wennsche!
Onn schwätze konnse, watse wonn, ech kläwe ah d'r Klennsche.
Ech ha de Welt dah och geseh, doch hanich noch nix fonne,
känn Stäh, känn Därfer, die sich nur met dir v'rgliche konne.

O Siegerland, o Siegerland, du hast meine besten Wünsche!
Und reden können sie, was sie wollen, ich klebe an der Scholle.
Ich habe die Welt doch auch gesehen, doch habe ich noch nichts
gefunden, keine Städte keine Dörfer, die sich nur mit dir vergleichen
können.

Hingen die Siegerländer wirklich so an ihrer Heimat oder waren es ganz einfach nur wirtschaftliche Zwänge, die die Menschen zusammenschlossen und bodenständig machten? Bestimmt war das Letztere das Maßgebende. Vor einigen Jahren sah ich im Frankenland einen Spruch auf einem Fachwerkhause, der wunderbar zu den alten Siegerländer Bauernhäusern gepasst hätte:

Weil jedes Teil das andere stützt, konnte ich Jahrhunderte stehen.
Wenn jeder so dem Ganzen nützt, wird keiner untergehen.

***Heinz Bensberg:** Geboren wurde ich am 6.11.1939 in Dahlbruch, Kreis Siegen (NRW), wo ich auch heute noch wohne. Dahlbruch ist 1969 bei der Gemeindegebietsreform nach Hilchenbach eingemeindet worden. Im Stadtrat von Hilchenbach war ich viele Jahre als Ratsmitglied tätig. 2003 wählte man mich zum Ortsheimatpfleger von Dahlbruch. Zu den Aufgaben eines Ortsheimatpflegers zählt es auch, wenn möglich, das Historische des Ortes und der Region festzuhalten. Das Fettgedruckte in diesem Bericht ist Siegerländer Mundart.*

Miniatur-Siegerland:
Die Stadt im Keller

Bei uns ist die Stadt Siegen nicht auf sieben Hügeln, sondern im Keller, und zwar im Maßstab 1:87.

Genauer gesagt sind wir mitten im Wiederaufbau. Wir befinden uns in den 1970-er-Jahren, als Siegens Bahnhof noch grizze-grün war und vor dem Bahnhofsgebäude noch Autos parkten, die sich die Straße mit beige-orangefarbenen VW-Bussen teilten. Von der Hufeisenbrücke aus sah man auf die Schienen, über die zahlreiche Züge mit Waren, zum Beispiel mit Gütern der Eisen- und Stahlindustrie, fuhren. Der Anblick von Dampfloks war kein alltägliches Bild mehr, sie wurden zunehmend von E-Lokomotiven abgelöst, da zu dieser Zeit die Ruhr-Sieg-Strecke bereits elektrifiziert worden war. Es gab bloß noch nicht genug E-Loks, und so griff man weiterhin auf die bewährten dampfbetriebenen Zugmaschinen zurück.

Stadtansicht Siegen im Maßstab 1:87.

Die Menschen aus den umliegenden Dörfern kamen mit dem Schienenbus zum Einkaufen in die Stadt. In Siegen bekam man alles, was man brauchte – es war, als die Kölner Straße noch *die* Einkaufsmeile war, in der sich Massen von Einkaufslustigen drängten, sich Fachgeschäft an Fachgeschäft reihte und sich der bergerprobte Einkaufende in die plüschigen Sessel eines gediegenen Cafés sinken ließ, um sich vom Erklimmen der steilsten Einkaufsstraße Deutschlands zu erholen. Es war eine Zeit, als die großen Kaufhäuser regen Zulauf hatten und in den kleinen inhabergeführten Geschäften fachkundige Beratung angefragt wurde.

Bei aller Betriebsamkeit war es doch eine ruhigere, gelassenere Zeit – und diese bilden wir auf unserer Modellbahnanlage nach, nun schon zum dritten Mal. Doch von vorn:

Wir, Heiko und Andrea, sind ein „altes Ehepaar", geboren Ende der 1960-er bzw. Anfang der 1970-er-Jahre. Die Eisenbahn war in unserer Kindheit ein alltäglicher Anblick: Andreas Mutter fuhr mit ihren Töchtern mehrmals im Jahr mit dem Schienenbus nach Siegen zum Einkaufen. Auch für Heiko war die Eisenbahn alltäglich: Sie fuhr als

Bahnhof Siegen.

Kleinbahn auf der Strecke Weidenau – Deuz durch sein Heimatdorf Dreis-Tiefenbach. Dort gab es auch die damalige Firma *Waggon-Union*, bei der Heikos Eltern arbeiteten. Sein Vater machte mit Heiko Sonderfahrten mit Dampflok-gezogenen Zügen oder besuchte das sogenannte Echtdampftreffen im Nachbarort. Er war es auch, der seinem Sohn schon in frühester Kindheit die Modelleisenbahn schenkte, die er selbst als Kind nie hatte. Aus dieser Zeit gibt es zahlreiche Dias und Super 8-Filme, denn Vater Weiß hielt das Geschehen umfassend im Bild fest, was sich für uns etliche Jahre später als Glücksfall herausstellte. Doch dazu später mehr.

Als Heikos Vater noch recht jung und für uns total überraschend starb, waren wir gerade frisch verheiratet. Heiko hatte längst andere Hobbys und erbte nun die Artikel für eine Modelleisenbahn, die sein Vater in für die Familie nicht geahntem Ausmaß über Jahre gesammelt und nie aufgebaut hatte. Heiko begann nun selbst, wieder zu bauen. Ein typisches Modellbahnthema: eine Mittelgebirgslandschaft. Mit Elementen aus unserer Heimatregion, dem Siegerland. Zum Beispiel die Ginsburg. In unserem Keller.

Bald gesellte sich bauliche Unterstützung zu uns, vor allem ein etwa gleichaltriger Bekannter – Jürgen. Im Laufe der Zeit kam ein zweiter Jürgen dazu, der Grundschullehrer unserer Tochter. Uns alle faszinierte

Bahnhofsvorplatz.

das Modellbahnthema *Stadt und Dorf im Mittelgebirge* – und wir sahen uns Siegen nun aus einem neuen Blickwinkel an. Aus Bekanntschaft wurde Freundschaft, aus erstem oberflächlichem Interesse an der Historie Siegens ein tiefer gehendes. Wir beschäftigten uns mit Themen wie Bergbau, Montanindustrie, Architektur, der Geschichte, wieso Berlins Stadtteil Spandau der Stadt Siegen einen Bären schenkte, und mit regionalen Kulturgütern wie Hauberg und Rieselwiesen.

In diese Zeit fielen unsere ersten Veröffentlichungen in der MIBA, einer Modellbahn-Fachzeitschrift. Wir erstellten einen Film, den wir (aus urheberrechtlichen Gründen ohne Ton) in vier Teilen in YouTube veröffentlichten. Doch irgendwann war diese erste Anlage fertig. Kritisch sahen wir auf ihre Schwachstellen und entschlossen uns zum Abriss. Was den ersten *Wiederaufbau Siegens* zur Folge hatte.

Die zweite Anlage veröffentlichten wir, wie die erste auch, in der MIBA. Es ist schon ein besonderes Gefühl, wenn du im Urlaub am Bodensee an einem Zeitschriftenladen entlanggehst und auf einmal auf einem Ständer den Dicken Turm und den Bahnhof Siegen auf der Titelseite einer bekannten Modellbahn-Fachzeitschrift siehst!

Bahnhof Siegen.

Kölner Tor.

Die Stadt Siegen war mit ihren Wahrzeichen wie dem Krönchen, dem Oberen Schloss und eben auch dem grünen Bahnhofsgebäude und dem Dicken Turm auf der Anlage eindeutig zu erkennen. Nun erschienen auch Berichte in der Siegener Zeitung und in der Westfälischen Rundschau. Wir freuten uns über einen Besuch von Radio Siegen mit den *Kellergeschichten* und über einen Bericht in *Unser Siegen* (https://unser-siegen.com/gross-in-fahrt-im-kleinen-format). In diesen wurde auch ein Film über unsere Modellbahnanlage eingebunden, den die Firma Märklin beauftragt hatte. Natürlich nicht zu diesem Zweck, sondern für eine DVD, die in vier Sprachen erschien und ausschließlich für die Mitglieder des Märklin-Insider-Clubs bestimmt war.

Schließlich kam noch der Kontakt zu Prof. G. Maybaum zustande, der etliche Fotos unserer Anlage in seinen Vortrag zu bahnhistorischen Bauwerken einband, den er beim Jahrestreffen des Arbeitskreises *Theorie und Lehre der Denkmalpflege e. V.* in der Uni Siegen hielt.

All dies hat genau genommen dazu beitragen können, zumindest in Modellbahnerkreisen unsere kleine Großstadt Siegen nicht nur deutschlandweit, sondern sogar im Ausland ein bisschen bekannter zu machen.

Bahnhof Siegen.

Marburger Tor mit Krönchen.

In unserem Häuschen in Deuz wuchsen unsere Kinder mit der Modellbahn und dem ganzen Drumherum auf – mit den Bauabenden, den Ausflügen nach Siegen und Umgebung zu Recherchezwecken und den Fachgesprächen in unserem kleinen Modellbahnteam (inzwischen war Karsten dazugekommen). Zig Anekdoten aus unserem Alltag wurden verewigt, die Kinder bauten immer mal mit. Und fragten irgendwann: „Wie seid ihr überhaupt zum Modelleisenbahn-Bauen gekommen?"

Tja, und da entstand bei Heiko die Idee, ein Buch zu schreiben: *Dr Isebahnsbähner*. Mit seiner persönlichen Geschichte, mit einem ordent-

Henner.

lichen Schuss Lokalkolorit, mit Infos rund um Siegen und die Dörfer drumherum. Mit Begriffen wie Hauberg und Rieselwiesen, Zollamt und Onkel Toms Hütte, Siegerlandmuseum und Rubens. Mit vielen Fotos und Basteltipps. Eine Hommage an die Zeit unserer Kindheit allgemein, aber auch an das Leben in einer Stadt in der Provinz, die uns immer spießig und langweilig erschien und deren schöne Seiten wir erst mit zunehmendem Alter, einer anderen Erwartungshaltung und dem Eintauchen in die Geschichte von Siegen und den Dörfern im Siegerland zu würdigen lernten.

Die Arbeit an diesem Buch hat uns weit über Siegens Grenzen hinweg geführt. Wegen der Bildrechte kam es sogar zu einem Kontakt nach Minnesota/USA, wo die Erbin eines verstorbenen Fotografen lebt, der seinerzeit Bilder von der Kleinbahn Weidenau - Deuz sowie von den Echtdampftreffen auf dem Gelände der Firma Walzen Irle

Arbeiten am Krönchen.

machte. Diese Aufnahmen sind wie die von Heikos Vater, aus zahlreichen anderen Quellen und natürlich von uns selbst im Buch zu sehen.

Wir finden es faszinierend, welche Verbindungen sich durch die Modellbahn sowohl im Siegerland als auch weit darüber hinaus ergeben! Und wie schön, dass unser eigenes Buch zufällig im Jubiläumsjahr fertig wurde und veröffentlicht werden konnte.

Die zweite Modellbahnanlage ist inzwischen auch längst Geschichte. Vor einigen Jahren bauten wir unseren Keller um und haben jetzt ein paar Quadratmeter mehr, nämlich etwa 15 Quadratmeter. Und bauen wieder Siegen und Umgebung nach. Noch gibt es nicht viel zu sehen: Die Hälfte vom Unterbau ist fertig, ein Gleiswendel, der erste Schattenbahnhof. Heiko verlegt Schienen, Karsten befasst sich mit der Elektrik, Jürgen baut Bausätze und Andrea wartet darauf, dass es endlich mit dem Landschaftsbau losgeht. Trocken und staubsicher lagern

Die Johannland-Bahn

Die Kleinbahn Weidenau – Deuz (KDW) wurde im Sommer 1904 mit dem Ziel gegründet, das Netpherland an den Industriestandort Siegen-Weidenau anzubinden. Einerseits, um die einheimischen Siegisch erzeugten Güter verschiedener Formen wie Waleisen-Erde in Deuz besser transportieren zu können und andererseits, um die dortige Bevölkerung für die Arbeit in den Weidenauer Betrieben zu gewinnen. Die Inbetriebnahme der KDW führte zu einem wirtschaftlichen Aufschwung im Netpherland.

Gleich zu Beginn, nämlich im Jahr 1904, wurde in Deuz ein Betriebswerk mit einem Lokschuppen mit Wasserturm und einem kleinen Kohlebahnhof errichtet. Zunächst fand der gesamte Verkehr mit Dampflokomotiven statt; erst im Laufe der Zeit wurden diese auf Diesellokomotiven umgerüstet und der Personenverkehr ab Mitte der 1950er Jahre durch Omnibusse Schienenbusse übernommen.

1936 wurde die Strecke bis nach Werthenbach als sogenannter „Johannland" weitergebaut, wodurch ihre Gesamtlänge auf etwa 38km anwuchs. Auch der Bau einer Wagenhalle wurde notwendig und wurde 1938 begonnen. Inzwischen dient sie als Fahrzeughalle für die Omnibusse des öffentlichen Nahverkehrs.

Es gab zum Teil erstaunliche Mengen an beförderten Güter-Tonnagen und auch an Fahrgästen. Zwischen den 1940er und späten 1950er Jahren beförderte die KDW Schnitte über 3.000.000 Fahrgäste jährlich. Allerdings fand dies durch den einsetzenden Individualverkehr und den zunehmenden Einsatz von Omnibussen bald ein Ende, so dass bereits im Jahr 1968 der Personenverkehr eingestellt wurde. Bald darauf ging die Kleinbahn Weidenau – Deuz GmbH in der Siegener Kreisbahn GmbH auf. Der regelmäßige Güterverkehr blieb bis in die frühen 1990er Jahre erhalten, allmählich fiel er jedoch. Viele der an der Strecke angeschlossenen Betriebe verlagerten auf ihren Gleisanschluss und verlegten ihren Transport auf die Straße. Die letzte reguläre Gütersverkehr verbindere im Frühjahr 2004 die fast hundertjährige Geschichte des Schienenverkehrs im Netpherland.

Einzig die Strecke ab Weidenau bis Dreis-Tiefenbach ist bis heute an das Schienennetz der Deutschen Bahn angebunden.

Typischer Güterzug bei der Kläranlage in Dreis-Tiefenbach

Typischer Güterzug zwischen Netphen und Dreis-Tiefenbach

Versuche des Vereins Pro Johannlandbahn e. V., um die Bahnzusammenhänge herum die Strecke zu reaktivieren, scheiterten nicht zuletzt an der mangelnden Unterstützung durch die lokale Politik. Die Gleise ab Dreis-Tiefenbach wurden zurückgebaut, der Bahnhof Netphen für den Bau einer Umgehungsstraße abgetragen und der Lokschuppen in Deuz verfiel im Laufe der Jahre, bis er schließlich abgerissen wurde.

Lediglich die in Deuz beheimatete Firma Wahmhöfe GmbH hat zwischen ihren beiden Standorten innerhalb des Ortschaft eine etwa 2km lange Strecke als „Iseabahn" in Eigenregie übernommen. Über Jahr seit 1904 vorüberge eine alte Wald-Baujahr 1963, mit zumeist zwei mit Metallspritzbau. Walzenschlingen beladenen Waggons zwischen Werk 1 (Gleiswies) und Werk B (maschinische Fertigung) hin und her.

1962 LiPi der Firma Wahmen Werks die in Deuz „Hinteren Platten"

Über fühlt man sich hat selbst wie in einer Modellbahnlandschaft. Deuz ist ein Dorf mit einer VfB als „betriebsel" und dem ehemaligen Bahnhof mit daraus planbaren Museumsexponaten wie einen alten Personenwaggon der ehemaligen Reichsbahn, einer „Donnerbüchse".

Bild rechts: Der ehemalige Deuzer Bahnhof zu heute eine Bürgerbegegnungsstätte

Dr Isebahsbähner
Vom Spielzeug zum Hobby

von Heiko Weiß

in großen Kisten die Bausätze und Figuren, die wir aus der vorherigen Anlage „gerettet" haben: die Siegener Zeitung, Werner & Ullrich, die St. Marien-Kirche, das „Laternchen" und unsere Lieblingskneipe Belle Epoque, Henner & Frieder und nicht zuletzt der Spandauer Bär. Gut geschützt ist auch das Eingangsportal zum Reinhard-Forster-Erbstolln und die Gebäude der Grube Neue Haardt.

Wir haben wieder viele Ideen: Dieses Mal soll das alte Krupp-Hochhaus einen Platz finden, der Gaskessel im Industriegebiet Schemscheid, die Siegtaler-Brauerei und das Jung-Stilling-Krankenhaus. Die gibt es natürlich nicht als Bausatz, also bauen wir sie selbst. Genauso wie die Häuser mit Siegerländer Sparfachwerk und Schieferdächern, die Haubergsbäume und den Halbschalen-Brunnen, der seinerzeit vor dem unteren Karstadt-Eingang sein Wasser versprühte.

Wann diese dritte Anlage fertig sein wird? Keine Ahnung, erfahrungsgemäß vielleicht so in zehn Jahren. Bis dahin bauen wir nicht nur zusammen, sondern gucken uns mit unserem kleinen Modellbahnteam alte Fotos und Filme an, fahren zusammen zu Modellbahnwelten und -messen innerhalb Deutschlands und beschäftigen uns mit den neuesten Produkten auf dem Modellbahnmarkt, wie zum Beispiel Anlagensteuerungssystemen, Lasercut-Modellen, 3D-Druck und so weiter.

800 Jahre Siegen?

Ein stolzes Alter! Hoffentlich schaffen *Wir in Siegen* es zusammen, Schönes und Besonderes in unserer Heimat zu bewahren und gleichzeitig offen für Neues zu sein.

Andrea und Heiko Weiß *aus Netphen.*

Sandstraße.

Parkschein-Hoscha

Die Morgensonne färbt den Himmel orange und wärmt meine blecherne Rückwand. Es wird Zeit, dass ich was zu tun bekomme, denn Langeweile ist nicht mein Ding. Ich brauche Input, Futter für meine Synapsen, um mich weiter zu entwickeln und meinen hohen Intellekt unter Beweis zu stellen. Mein neuer Standort in der Nähe vom Urwere Schloss mit Blick auf dat Kröönche ist ideal, um die Spezies Mensch des ländlichen Siegerlands zu beobachten.

Die ersten Autos rollen an mir vorbei. Endlich! Wenig später steht ein Pärchen vor mir. Der junge Mann tippt einige Male die Plustaste auf meinem Display. Aha, er bucht einen Parkschein für drei Stunden. Die EC-Karte, die er meinem Lesegerät präsentiert, akzeptiere ich anstandslos und drucke artig den Parkschein aus.

Als Künsdlije Intellijenz besitze ich unzählige Informationen über die Sejerlänner Spezies: ihre Energiezufuhr (bevorzugt Bier us dr Heimat, Duffeln in jeglicher Zubereitungsform, das Sejerlänner Krüstchen), Gewohnheiten (Hauberg machen, Wandern am Rothaarsteig), Historie (Geburtsstadt Rubens, Gewinnung von Eisenerz). Aber was ist mit deren Sozialverhalten und Emotionen? Ich vermute dort Schwachstellen in unendlichen Dimensionen. Ich werde diese beim nächsten Exemplar, das bei mir antanzt, austesten. Wollen wir mal sehen, wer mehr auf dem Kasten hat. Der Gedanke lässt meine Schaltkreise vor Erregung aarich zittern.

Mein erster Proband, ein graubärtiger Mann, hämmert béd Schmackes auf der Plustaste herum. Ich lösche seine Eingabe sofort und lasse meine digitalen Zahlen flackern.

„Donnrjoanednoch! Wat hät denn dr Audomat?", knurrt er in seinen Bart und startet mit biestigem Blick die Eingabe von neuem.

Ich bin gnädig und speichere die Eingabe ab. Bin ja kein Unmensch. (En jo. Eigentlich doch!) Er zückt seine Kreditkarte und hält sie vor mein Lesegerät. Ich mache keinen Mucks. Gebe stattdessen auf meinem Display die Aufforderung zum Bezahlen an. Diesmal in fetteren Lettern. Nur damit er es verstoh ka.

„Hä, wat woa dat da?", fragt er genervt. Zwischen seinen Augenbrauen entsteht eine tiefe Falte. Er kramt in seinem Portemonnaie und holt eine andere Karte heraus. Aber auch die verweigere ich, gespannt was passieren wird. Kniestich drückt er meinen roten Stornoknopf und beginnt erneut zu tippen.

Nä wat schier! Hinter ihm hat sich eine Menschenschlange gebildet hat, in der sich die unterschiedlichsten Gestalde vermischen. Perfekt für meine Studie! Die primitiven Stronzköppe fangen an zu diskutieren, schauen broddelnd über die Schulter des Graubärtigen, recken ihre Hälse.

Dieser dreht sich zu den Leuten um. „Hä loa will net."

„Béd Bargeld klabbt dat emmer", kommentiert eine Frau mit quengelndem Bloach am Arm.

„Ech mössde em Auto welsches ha", sagt er und verschwindet.

Als Nächstes schiebt sich ein gestyltes blondes Dengelche in mein Blickfeld. Ihr Blöömche-Kleid scheint eine Nummer zu klein zu sein. Ich habe Sorge, dass bei der geringsten Bewegung die Nähte reißen. Mit ihren Mörderfingernägeln massakriert sie meine Plustaste. Beim kratzenden Geräusch zucken meine Sensoren zusammen. Deshalb billige ich widerwillig ihre Eingabe. Mit ihrer Karte bin ich nicht so gnädig. Ech stell ob stur.

Dat Dengelche schmollt und ihre Mundwinkel mit den aufgepolsterten Lippen ziehen sich nach unten. Geduldig hält sie die Karte abermals vor mein Lesegerät. „Béd dem is nix zo mache", erklärt sie und zuckt ihre Schultern.

Ich gebe einen pfeifenden Ton von mir (nervende Geräusche kann ich auch) und werfe Buchstaben auf mein Display, die zum Bezahlen auffordern. Und untermale sie mit drei dicken Ausrufezeichen. Ob dat Blondchen meinen Wink kapiert?

Da erscheint der Graubärtige neben ihr. „Ech han Kleingeld em Wagen gefunne", gibt er stolz bekannt. „Se bruche sechs Euro?", fragt er die Blondine und wirft die Münzen in meinen Münzschlitz.

Ich spucke den Parkschein begleitet vom tosenden Applaus der Zuschauer aus.

„Dafür spendere ech Ihnen en Kaffee am Unneren Schloss", säuselt dat Dengelche und klimpert mit ihren Augenlidern.

Der Graubärtige macht schnell seine Eingabe (hat ja mittlerweile Übung darin), wirft das Kleingeld ein und bekommt zur Belohnung von mir den Parkschein. Zum Beifall der anstehenden Sejerlänner gesellen sich laute „Werd och Zitt"-Rufe und Pfiffe. Der Graubärtige hält den Parkschein wie eine Trophäe in die Höhe, lässt sich von der Masse feiern und tänzelt mit dem Dengelche davon.

Nun ist ein Muskelprotz an der Reihe. Seine tätowierten Oberarme sind so dick wie bei manchen Menschen die Oberschenkel. Ich habe Angst um meine Tasten, falls er sie mit seiner ganzen Kraft bearbeiten sollte. Doch seine klobigen Finger sind beim Tippen zögerlich und sanft. Er drückt die Plustaste und addiert laut murmelnd die Zeit auf, die er für das Parken buchen möchte. Nä wat aarwe seine Denkprozessoren langsam! Nachdem er mir das Okay gegeben hat, kramt er in seiner Botzentasche nach Münzen und wirft das Kleingeld in mein Münzfach. Diesmal lasse ich es durchrasseln. Er versucht es von Neuem, immer wieder. Seine Halsschlagader schwillt, seine Gesichtsfarbe wird puterrot.

„Vielleicht versuchen Se et béd enner Kreditkarte?" Die Frau mit dem weinenden Bloach schaut ungeduldig auf ihre Armbanduhr.

„Han ech verzammelt", gibt der Muskelprotz mürrisch bekannt.

„Dann lassen Sie mich mal vor", sagt ein Anzugträger im gepflegten Hochdeutsch, der direkt hinter ihm steht. „Ich habe mehrere."

„Ja saache moa! Du Dost!" Der Muskelprotz baut sich vor dem Anzugträger auf. Seine Oberarme zucken bedrohlich. Dann hält er dem Businessman seine Faust unter die Nase. „Ech woar for de hä gewese, du Mäckes!"

Oha. Alarmstufe eins! In meinen Platinen wirbeln aufgeregt die Elektronen durcheinander. Mein Gehäuse vibriert. Das Display blinkt nervös. Endlich! Wat for en Hoscha!

Der Muskelgorilla packt den Anzugträger am Kragen. Sein Blick ist furchterregend. Ah, jetzt wollen se sech schwaarde, juble ich innerlich und beobachte fasziniert das Schauspiel, das mir die unterbelichtete Spezies Mensch bietet.

En schroa Jungspund in Schlabberbotze stellt sich mutig zwischen den Streithähnen auf. „Chill mal, Alter!"

„Wat sääsde? Willste en paar gebaaft kreje?", keucht der Gorilla und seine Faust schnellt béd Schmackes in Richtung des Jungen. Der weicht blitzschnell zurück.

„Wat for en Gedäh!", rufen einige und suchen das Weite. Die Menschenschlange beginnt sich aufzulösen. Et schickt itzent. Ich brauche die Spezies unbedingt für meine Studie! Schnell speie ich den Parkschein des Muskelprotzes aus. „Alter! Da ist dein Parkschein!", brüllt de Schlabberbotze. „Chill endlich!" Der Muskelgorilla stürzt nach vorne auf den Jungspund zu. „Läll net!", keift er wie von Sinnen. Einige halten den Angreifer fest. Ziehen ihn mit Gewalt zurück. Was für ein herrlicher Tumult! Wie heftig diese schlichte Spezies von ihren Emotionen gesteuert wird. Dat girre´doch net! Das entzieht sich jeder Logik. Meine Drähte laufen auf Hochspannung. Ich bin elektrisiert und speichere fleißig meine neugewonnenen Erkenntnisse in der Einheit ab.

„Hä, net obbräje, Leute!", höre ich von Weitem die Frau mit dem mittlerweile tobenden Bloach rufen. „Der Parkaudomat uf dr anderen Sitte funktioniert iwannfrei."

Deiwel net noch! Mein braver Kollege. Mister Spielverderber. Ein Musterknabe von einer KI. Der macht nur, wofür er konfiguriert wurde. Ich stehe mit einem Male alleine da. Keiner interessiert sich für mich. Oder doch! Da kommt der Gorilla zurück. Nä wat schier. Endlich hat er geschnallt, dass ich schon längst seinen Parkschein ausgedruckt habe. Wat for en Dösbaddel! Aber warum hält er einen Zettel und Klebeband in den Händen? Den heftet er vor mein Display. He! Was soll das, du Knallkopp?! *TKEFED* steht auf dem Blatt. Ka hä net rischtich schriewe?! Mach den werrer ab! Ich werde auch ganz zahm, bettle ich. Ehrlich! Mein Gehäuse bebt verzweifelt, das Display blinkt wie verrückt. En jo. Nix zo mache. Hö-öh.

Nach Stunden der Langeweile hangelt sich en Grinn gemächlich an meinem Gehäuse entlang. Das achtbeinige Zwei-IQ-Wesen fängt an, unbeeindruckt meiner Existenz sein Netz zu weben. Dabei streckt es ungeniert sin Hinnerteil vor meine Linse. Und das gerade mir, dem KI. Dem Künsdlijen Idioten.

Sandra Gertzen ist Jahrgang 1972 und lebt mit ihrer Familie im Raum Wilnsdorf. Sie schreibt seit 2014 Kurzgeschichten und hat bereits in mehreren Anthologien veröffentlicht. Zu ihren weiteren Hobbys zählen das Singen im Chor und das Walken in der Natur.

Mir Sejerlänger

Nach der Melodie von: You raise me up

Bie os eh Seje, Ferndorf, Hermedeiche,
do schwätzt mer Platt vam abegenn dä Zitt,
datt scharne Platt sall keinem angern weiche,
et bliewd bestoh als Sejerlänger Glöck.

Os schürnes Platt satt keinem angern weiche,
et bliewd bestoll als Sejerlänger Glöck.

Dat Backesbrourd bet sinner harte Kante,
so es em Sejerland dä Menscheschlach,
kinn grourßes Moul wonn lewer rechdich schaffe,
dat es on bliewd os Sejerlänger Ard.

Kinn grautlies Matdrwonnlewer rechdich schaffe;
dat es on bliewd os Sejerlänger Ard.

Et gött em Sejerland de decke Duffel,
on de Sej flösst dörch os schürne Stadt,
mir esse gern en Pann voll Riiwekoche,
on os Köh die Schisse hö noch platt

Mir esse gern en Pann voll Riewekooche,
on os Köh die Schisse hö noch platt

Bie os ein Dorf de schürne Fachwerkhüser
dä Kohler raucht bleas dörcht ganze Dal.
On da Houwberch wird für os als Erbe,
it e Bestandteil sieh, eh ganzes Läwe lang.

On da Houwberch wird für os als Erbe,
it e Bestandteil sieh, eh ganzes Läwe lang.

Friedrich Hahn

Als der Hafermotor
den Verkehr noch bestimmte

Es war eine ruhige Zeit, als der Pferde-Omnibus noch fuhr. Es war die neue Errungenschaft der Firma Zahn. Zwei Schimmel (Hafermotore) waren vor dem Bus gespannt und er fuhr vom Siegener Bahnhof ab. *Siegen-Weidenau-Geisweid* stand auf dem Schild über den Fenstern. Beim Einsteigen wurden die Gäste schon auf ihre Pflichten hingewiesen, denn auf dem Schild stand: *Beim Einsteigen ist das Fahrgeld sofort zu zahlen.* Zehn Pfennige kostete die Fahrt nach Weidenau und 15 Pfennige nach Geisweid. Mit einer Bimmelglocke, buntem Anstrich und mächtigen Rädern war er nicht zu übersehen. Er fasste zwölf Personen und war der Vorläufer der elektrischen Straßenbahn, die erst 1904 in Betrieb genommen wurde.

Die Post war ohne Zweifel das älteste Verkehrswesen im Siegerland – und das mit Hafermotoren, aber ohne Kat. Ein regelmäßiger Postverkehr wurde schon zur oranischen Zeit eingerichtet. Die Regierung in Dillenburg hatte mit der Thurn- und-Taxischen-Postverwaltung 1774 einen Vertrag abgeschlossen. Deswegen fand ein regelmäßiger Verkehr mit Pferden von Frankfurt über Wetzlar-Herborn-Dillenbug nach Siegen statt. Es ging dann weiter über Hachenburg nach Köln. Die Pferde wurden auf solch einer langen Reise natürlich auf der Strecke ausgewechselt.

An einem Morgen im April 1890 stand in der Pfuhlstraße Nr. 211 schon sehr früh eine Kutsche. Die Bürger lagen noch alle in den Betten, nur im Haus des Schäftemachers Engel war bereits reger Betrieb. Er war sehr früh aufgestanden, um sich für die lange Reise ins Wittgensteiner und ins Hessische Land vorzubereiten. In der Werkstatt und im Flur standen die Koffer mit Schuhen, Stiefeln, Schäften und Pantoffeln. Schon eine Woche vorher hatte er mit dem Fahrunternehmer Johannes Zahn die Abmachung getroffen und einen Kutscher mit Einspänner bestellt. Der Kutscher war ein junger Mann mit blauer Mütze und Kittel. Er freute sich auf eine vierwöchige Geschäftsreise, für die er mit Pferd und Kutsche gemietet war. Der Kutscher half dem Fahrgast beim Aufladen der Koffer. Dann ging es in aller Frühe los, denn man wollte noch viele Kunden am ersten Tage treffen. Johannes Zahn, der Fahrunternehmer, hatte seinerzeit etwa 80 Pferde in seinem Stall am Schafhausweg.

Es gab noch zehn weitere Fuhrunternehmer zur damaligen Zeit. Es waren Carl Geffert in der Löhrstraße, Adam Büdenbender in der Austraße, K. U. F. Hermann in Sieghütte, Adolf Link in der Häuslingstraße, J. Hermann in der Hammerhütte, Hermann Ipach in der Hinterstraße, Jakob Link, Am Kohlbett, F. Wienand in der Frankfurter Straße, Valentin Seibert Hinterm Rathaus und M. Zöller in der Frankfurter Straße. Außerdem besaßen viele gewerbliche Unternehmen ihr eigenes Fahrzeug. Sie hatten es nicht leicht, die Fuhmänner zu jener Zeit, als es noch keine Kraftfahrzeuge und Straßenbahnen gab, und außerdem waren sie sehr wichtige Leute. Pünktlichkeit, Ordnung, Pflege vom Pferd, Geschirr und Wagen wurden bei ihnen großgeschrieben.

Bei Kochs Kesselschmiede auf der Sieghütte wurde am gleichen Tag ein großer Rollwagen mit einem schweren Kessel beladen. An dem Wagen wurden 30 Pferde angespannt, um das Ungetüm zum Bahnhof zu fahren. Denn die Kochs hatten noch keinen Bahnanschluss. Die Siegener Firmen Schuss, Spannagel und Georg hatten es nicht leicht mit ihren Lebensmittelfahrten. Ihre Wege führten jeden Werktag bei Wind und Wetter über oft sehr schlechte, ausgefahrene Straßen in fast jeden Ort im Siegerland. Aber die Hilfsbereitschaft und Kameradschaft bei den Fuhrmännern war sehr groß. Wenn die Firmen in den Freien Grund über die Schränke fuhren, sammelten sie sich vorher bei der Wirtschaft Sturm in Eiserfeld und es ging dann in langer Reihe über den Berg.

Mit 30 Pferden vorgespannt fuhr man auch die schweren Kessel von Kochs zu den Gruben. Es waren hier oft zerfurchte und ausgefahrene Wege, auf denen alle paar Meter Eisenplatten unter die Räder gelegt wurden, um die schwere Last von der Stelle zu bewegen. Die Fuhrleute waren raue Gesellen und sie mussten wie die Pferde oft Gewaltiges leisten.

Die Hauptkundschaft war die Industrie. So hatten Gontermanns auf der Sieghüfte auch noch keinen Bahnanschluss und alle ihre Produkte mussten mit den Pferden zum Bahnhof gefahren werden. Auch für Bertrams waren täglich zwei Doppelspanner unterwegs. Es waren andere Lasten, wie in den Kutschen die damals die Siegener Zeitung übers Land brachten. Es gab auch sehr lange Reisen, die unter Umständen ein ganzes Jahr dauerten. Zum Beispiel, wenn die Firmenvertreter von Ort zu Ort fuhren. Die Kutscher hatten dann kein schlechtes Leben, denn sie lernten Land und Leute kennen.

Vor dem Haus des Sattlermeisters Sommer Siegbrücke Nr. 981 stand ein Droschkenkutscher und wartete auf Ablösung. Die ganze Nacht hindurch war er gefahren. Dreimal hatte er Personen aus der Umgebung geholt. Zuerst hatte ihn der Oberkellner vom Hotel *Zum Deutschen Kaiser* geholt, um einen Gast nach Buschgotthardshütten zu fahren. Viel Arbeit hatte er mit dem Betrunkenen gehabt, aber ein gutes Trinkgeld hatte er eingesteckt. Gegen 12 Uhr wurde er auf der Sandstraße bei Bertrams Ofenfabrik gerufen, die Männer wollten *Zum goldenen Löwen* am Kommarkt gefahren werden. Dort wurde er von deren Kutscher gebeten, einige Leute nach Eiserfeld und Eisern zu fahren, die im Hotel gespeist hatten.

Nun musste der Kutscher noch vier Herren vom Zug, der aus Gießen kam, abholen. Sie wollten nach Eisern gekutscht werden. Vom letzten Fahrgast wurde er noch zu einem Imbiss eingeladen. Gegen vier Uhr in der Frühe kam er erst wieder in Siegen an. Um sechs Uhr sollte er abgelöst werden. Der Kutscher war so müde, dass er auf dem Kutschbock eingeschlafen war. Auch in der Nacht vorher hatte er nicht geschlafen, weil er drei Jagdpächter aus Düsseldorf noch nach Gernsdorf und Walpersdorf fahren musste. Sie kamen mit dem Kölner Schnellzug um 9:53 Uhr in Siegen an und hatten es sehr eilig, in ihr Revier zu kommen. Sie hatten es auf Birkhähne abgesehen – und die kamen gerne in der Morgendämmerung.

Der Weg von den Pferdedroschken mit den Taxameter, die in den 1880er-Jahren eingebaut wurden, bis zum schnellen Taxi unserer Zeit, was noch viele Bequemlichkeiten hatte, ging sehr schnell. Der deutsche Unternehmer Friedrich Wilhelm Gustav Bruhn erfand den Taxameter.

Es zählte die Radumdrehungen, woraus sich die Fahrstrecke und somit der Fahrpreis ergaben. Aber bei den beliebten Kremserfahrten zum Rödgen, Hohenroth, Eremitage, zum Lahnhof oder ins Wittgen-steiner Land konnten die Fahrgäste die Schönheit der Natur richtig genießen. Ein Kremser ist ein geräumiger Planwagen mit Längsbänken auf beiden Seiten. Er wurde 1825 von dem Berliner Fuhrunternehmer Simon Kremers als Pferdeomnibus eingesetzt.

Wollte jemand eine Fahrt machen, so ging er zur Siegbrücke, wo die Droschken ihren Stand hatten. Kretzers August und Mertens Christian gehörten um die Jahrhundertwende zu den bekanntesten Originalen der Hafertaxis. Mancher traute den Traktoren nicht. So schrieb die Welt im April 1958. „Manche Kolchose scheinen den sowjetischen Traktoren überhaupt nicht zu trauen, sie hielten den Hafermotor, das Pferd auf dem Acker für zuverlässiger."

Die Rückepferde sind auch heute noch unsere Arbeitspferde. Aber durch die desolate Lage auf dem Holzmarkt wurde ihr Arbeitsplatz streitig. Deswegen kämpft der umweltfreundliche Hafermotor seit Jahren ums Überleben. Nach Auskunft des Westfälisch-Lippischen Landwirtschaftsverbandes soll es in NRW noch 450 Rückepferde geben. Laut Liste der Interessengemeinschaft sind es weniger. Dort wo die großen Maschinen nicht hinkamen oder fahren, hatten die Rückepferde einen Vorteil. Denn sie kamen überall hin und schonten auf ihrem Weg noch den Waldboden.

Der Hengst Harry zum Beispiel zieht mit seinen 16 Zentnern in einer acht Stunden Schicht etwa 20 Festmeter Holz aus dem frostigen Wald. Die starken Kaltblüter können bis 14 Zentner oder 70 % ihres Eigengewichtes ziehen. Sie fressen am Tag vier bis sechs Kilogramm Hafer und einen kleinen Ballen Heu. Ein gut ausgebildetes Rückepferd mit den dazu gehörigen Arbeitsgeräten kostete 5.000 Euro.

Das Zeitalter der Motorisierung hatte den Hafermotor verdrängt. Doch das Pferd war immer noch der Freund und Helfer der Menschen. Den ganzen Tag schleppten sie in den Wäldern die abgeholzten Baumstämme zur Verladestelle und wurden dann selbst zum Feierabend nach Hause in den Stall gefahren. Hieraus kann man sehen,

Rückepferde.

dass die wenigen Pferde, die heute noch im Dienst der Wirtschaft und des Gewerbes stehen, Wahrzeichen einer verflossenen Zeit waren, in der das Pferd den Verkehr bestimmte und in Gang hielt.

Heinz Bensberg: *Geboren wurde ich am 6.11.1939 in Dahlbruch, Kreis Siegen (NRW), wo ich auch heute noch wohne. Dahlbruch ist 1969 bei der Gemeindegebietsreform nach Hilchenbach eingemeindet worden. Im Stadtrat von Hilchenbach war ich viele Jahre als Ratsmitglied tätig.* **Quellen:** *Welt: Waldarbeit mit einem PS; Adolf Müller: Alte Fuhrmanns- und Pferde Herrlichkeit; Wikipedia: Kremser; Unser Krönchen : Das Verkehrswesen im Zeitraffer; Siegener Zeitung: Nachhaltige Kombination; WIKIPEDIA: Taxameter.*

Siegen und der Regen

Es war Sonntag, der 26. August 1979. Meine Mutter hatte Geburtstag und alle Kinder und Enkel eingeladen. Mittagstisch beim Italiener *Rimini* auf der Sandstraße. Treffpunkt 13:00 Uhr.

Wir wohnten in der Nähe von Darmstadt, Hessen-Süd. Es war heiß, über 30 Grad. Unsere Kinder, zehn und acht Jahre alt, maulten, wollten ins Schwimmbad. Mein Mann hatte zwar auch keine große Lust, aber Schwiegermutter war ihm wichtig. Wir starteten um 11:00 Uhr. Ich im Hängerchen mit Spagettiträgern, mein Mann in kurzen Jeansshorts und die Kinder auch recht luftig bekleidet. Abends wollten wir ja wieder zeitig zurück sein.

Schon ab Wetzlar war die Sonne nur noch sporadisch zu sehen, es wurde auch kühler. „Hast du Jacken eingepackt?", fragte mein Mann. Nein, hatte ich nicht.

Um 12:30 waren wir an der Ausfahrt Siegen. Inzwischen hatte sich der Himmel zugezogen und es begann zu regnen. Die Temperatur hatte sich Siegen angepasst, das hatte ich vergessen. Pünktlich erreichten wir das Rimini, gefunden auch ohne Navi! Inzwischen goss es in Strömen. Vom Parkplatz bis zum Lokal war es zwar nicht weit, aber weit genug, um nass zu werden.

Das Geburtstagskind im langärmeligen Hemdenblusenkleid starrte uns entsetzt an.„Kommt ihr gerade aus dem Schwimmbad?", fragte mein Bruder. Na ja, gefroren haben wir auch, es war halt zehn Grad kälter im Siegerland ...

Karin Hildmann: Habe Siegen mit 20 Jahren verlassen, nicht nur wegen des ständigen Regens. Ich bin jetzt 81 Jahre und ein glücklicher Hesse geworden. Trotzdem verfolge ich alles, was so im Siegerland geschieht. Meine Schwester hatte mir den Artikel aus der Siegener Zeitung geschickt und ich musste sofort an diesen Geburtstag denken.

Sejerländer Nazionalhümne

Nach der Melodie: Einigkeit und Recht und Freiheit ...

1. Broatworscht, Bier, en Pann voll Duffeln,
Houberchsholz, on scharper Gnibb,
do-no loaßt os ömmer gugge,
Backesbrourt on Duffelnschtibb.
Sejerlänger Schanzebänger,
dä Heerde driewt de Köh dörcht Dorf
– Broatworschd, Bier, de Pann foll Duffeln,
on en Dung bet Läwerworscht – (– – wiederholen)

2. Dä Hänner bet der schpetze Hagge,
Frieder hält de Gniffzang fesd,
zwo ob ärem zrourße Soggel,
schdoah bes hö noch rechdech fest.
Riewekooche, Wolbern sooche,
om Lahnhof schmeggt det Bier so god.
– Broadworsch, Bier, de Pann foll Duffeln,
on en Dung fa nem Schanzebrout – (– – wiederholen)

3. Gröne Wäller, deepe Däler,
de Sejj entschbringt om hohe Berch,
Fachwerkhüser, klore Bäche,
om Almerich dä kleine Zwerch,
fa der Ginsburch ka mer gugge,
öwert ganze Sejerland.
– Em Kölsche giert de Sonn da unger,
oh, min lewet Sejerland. – (– – wiederholen)

Friedrich Hahn

Einmaleins im Luftschutzkeller

Eine persönliche Erinnerung an eine ganz besondere Zeit – Bruno Kneppe erinnert sich an seine Schulzeit während des Krieges:

Vor 82 Jahren, zu Ostern 1938, wurde der Jahrgang 1931/32 eingeschult. Für uns war das die Rosterstraßenschule, heute Diesterwegschule. Wegen der großen Anzahl der Schüler wurden zwei Klassen gebildet. Die eine Klasse bestand überwiegend aus Kindern aus der Winchenbach. Manche Gleichaltrigen kamen aber auch in die Häuslingschule und die Schüler aus der Hammerhütte waren auch noch irgendwie dazwischen.

Es war ein politisch aufregendes Jahr. Die Synagogen wurden angezündet, alle Jugendgruppen wurden verboten, zum Beispiel der CVJM, die katholische Jugend, die Pfadfinder. Ebenso erging es vielen Vereinen wie den Schützen- und Arbeitervereinen. Es gab keine Gewerkschaften und Innungen mehr, und es gab nur noch eine Partei: die NSDAP.

Am 1. September 1939 brach der Zweite Weltkrieg aus. Viele Lehrer wurden zur Wehrmacht eingezogen. Die Rosterstraßenschule behielt ihre Lehrerin Frau Saubert. Die Winchenbachklasse wurde zur *Durchgangsklasse*, sie wurde zu jeder Schulstunde von einem anderen Lehrer unterrichtet. Im NS-Regime wurden wir auch im Sinn der NSDAP unterrichtet. Wir mussten manches mitmachen, was vielen Eltern gegen den Strich ging. Einen Gruß wie „Guten Morgen" oder „Auf Wiedersehen" gab es nicht mehr beziehungsweise war verboten. Stattdessen hieß es nur noch „Heil Hitler", dies wurde sehr streng gehalten. Zu Hitlers Geburtstag mussten wir alle in Jugend-Uniform antreten, das Deutschlandlied und das Horst-Wessel Lied („Die Fahne hoch, die Reihen fest geschlossen") mit allen Strophen singen. Zum Hitlergruß wurde dabei der rechte Arm ausgestreckt. Oh, wie lahm wurde da unser Arm! Ließ man ihn aber mal kurz sinken, gab es etwas mit dem Stock drauf.

Es war immer derselbe Lehrer, der mit dem Stock durch die Reihen ging. Unter uns wurde gemunkelt, er tat dies, damit ihm nicht selbst der Arm von der Hakenkreuzfahne lahm wurde. Dieser Lehrer war es auch, der bei der Pausenaufsicht mit Wollust mit der Gerte den Kindern um die Beine schlug. Das ging so lange, bis eine beherzte Mutter ihrem Sohnemann mit einer halbierten Zwiebel die malträtierten Beine einrieb und ihn so dem Rektor vorstellte. Das hat zwar schlimmer gebrannt als vorher die Schläge, aber wir hatten ab dann Ruhe davor. Eines Morgens, als wir mit drei Schülern etwas spät dran waren, durchs Tor liefen und der Lehrerin schnell „Guten Morgen" sagten, wurden wir zurückgeschickt mit den Worten: „Wie heißt der deutsche Gruß?" Eher durften wir nicht in die Klasse gehen.

Die Juden durften nur noch mit dem gelben Davidstern mit der Aufschrift *Jude*, gut sichtbar auf der Kleidung angebracht, ihre Wohnung verlassen.

Als i-Männchen kritzelten wir mit einem Schiefergriffel die Sütterlinschrift auf die Schiefertafel, Tafellappen und Schwämmchen baumelten aus jedem Schulranzen. Dann, etwas später, lernten wir die lateinische Schrift. Damit die deutsche Schrift nicht verloren ging, wurde einige Jahre später nochmals ein Jahr lang Sütterlinschrift gelehrt. Was hatten wir dann wieder zu kämpfen mit dem langen S und dem runden S! Beim großen S gab es trotz der anderen Schreibweise kaum Schwierigkeiten. Für die Schönschrift und Rechtschreibung war das jedoch wenig nützlich.

Als 1942 viele Schüler unserer Klasse zur Oberschule gingen, wurden die beiden Klassen zusammengelegt. Mit der kriegsbedingten Übergröße musste der Lehrer fertig werden. Vor allem die Durchgangsklasse war ziemlich verwildert. Daher erhielten wir den in der ganzen Schule strengsten und mit dem Stock am besten vertrauten Lehrer: Herrn Fritz Schöning. Schon kurze Zeit später merkten wir, dass es mit dem Stock so eine Sache war. Der Stock, also unser Fritz, war gerecht. Wer etwas ausgefressen hatte, bekam ihn zu spüren. Und weil Herr Schöning einer Sache immer erst auf den Grund ging, nahmen wir als Betroffene (immer nur die Jungen) die Prügel ohne Abstriche an seiner Person in Kauf. Manchmal auch für einen anderen, denn gepetzt wurde nicht, das war Ehrensache!

1943. Die bisherigen Luftschutzübungen nach der Schulstunde wurden ernst. Außer Wissen mussten wir in der Schule noch so manches sammeln: Altmetalle, Kartoffelkäfer suchen, Heilkräuter sammeln, Flaschen und bergeweise Altpapier – alles für den Endsieg. Dabei kamen die Alliierten immer näher an Deutschlands Grenzen heran. Täglich hieß es im Frontbericht: *Zahlreiche Truppen wurden bei … zurückgeschlagen* – dass es sich dabei um die eigenen Truppen handeln könnte, durfte man nicht einmal denken! Wegen des Straftatbestands der *Wehrkraftzersetzung* war vieles lebensgefährlich!

Die Unterbrechungen des Unterrichts durch Fliegeralarm waren für uns Schüler zunächst willkommen. Mussten wir doch sauber antreten zum Eingang des Luftschutzstollens in der Rosterstraße (welcher unter der Schule verlief) und in den Stollen einziehen. Zu unserem Glück (aus damaliger Sicht unser Pech) ging unser Lehrer Schöning im Bunker durch die einzelnen Banknischen und übte mit uns Kopfrechnen, vor allem das große Einmaleins. Von anderen Lehrern haben wir das nicht bemerkt. Doch auch der Bunker wurde lästig. Schon um 9.00 Uhr ging die Sirene: Fliegeralarm! Und wenn es gut ging, konnten wir nach der Entwarnung um 15.00 Uhr den Bunker verlassen und mit knurrendem Magen nach Hause gehen.

Eine beliebte Beschäftigung im Bunker war die Strickliesel. Jungen und Mädchen strickten aus bunten Wollresten lange Stränge, die man dann als Topflappen, Untersetzer und alles Mögliche zusammennähen konnte – oder einfach wieder aufziehen und neu beginnen. Immer wieder Luftschutzübungen. Für den Luftschutz gab es Stahlhelme aus der Beute vom Sowjetheer. Die Helme waren bei den Kriegsspielen der Kinder sehr begehrt, was ich so nicht verstehen konnte.

Und dann kam der 16. Dezember 1944. Hitler sagte 1933 vor seiner Machtergreifung: „Gebt mir zwölf Jahre Zeit und ihr werdet Deutschland nicht wiedererkennen!" Das war ihm gelungen. Deutschland lag in Trümmern, Siegen nach dem schweren Angriff am 16. Dezember in Schutt und Asche. Die Schulen blieben geschlossen, sie waren weitgehend zerstört oder stark beschädigt. Ein normales Leben war nicht mehr möglich. Kein Strom, Gas und Wasser, sogar die Kanalisation war an vielen Stellen zerstört.

Luftschutzübungen konnten nun viel realistischer gestaltet werden. Wir Jungen mussten dazu im Häusling Stabbrandbomben sammeln, was manchmal auch gefährlich sein konnte. Die Luftschutzleiter kontrollierten immer, ob an der Bombe ein umlaufender roter oder grüner Streifen war. Dann handelte es sich um eine Brandbombe mit Sprengsatz und durfte nicht gezündet werden.

Nach dem nächsten Großangriff am 2. Februar 1945 lebten wir nur noch im Bunker. Dort wurde sitzend geschlafen. Unter Lebensgefahr gingen die Frauen zum Kochen nach Hause und brachte das Essen dann in den Bunker oder Stollen. Manche Familien verlebten ihr Dasein ganz im Wald in einer selbst gebauten Schutzhütte, um den Bomben zu entgehen.

Im weiteren Frühjahr löste der Artilleriebeschuss die Bombardierungen ab. Wie froh waren wir, als die Front endlich über uns hinweggegangen war! Was hatte die Propaganda uns Angst gemacht vor der Grausamkeit und Unmenschlichkeit der „Neger"! Dabei waren es doch vor allem die schwarzen Soldaten, welche oft im Vorbeifahren eine Tafel Schokolade in den Kinderwagen warfen. Die Wälder lagen voll von Waffen und Munition. Für uns Jungen – es war keine Schule – ein gefährliches Betätigungsfeld. Am 8. Mai dann die endgültige Befreiung von den Nazis und Kriegsende. Welch ein Segen!

Im Frühjahr 1946 begann für uns wieder die Schule. In der Hammerhütter Schule hatte man einige Klassenräume notdürftig wieder hergerichtet. Aus der Klasse unten rechts konnte man durchs Dach den blauen Himmel sehen. Ein ordentlicher Schulbetrieb war aber noch nicht möglich. Die bisherigen Schulbücher waren verboten und neue gab es noch nicht. Außerdem fehlten Schulhefte, die Schularbeiten sollten wir auf leere Zementtüten schreiben, wenn wir welche finden würden. Zum Lesen sollten wir jede Zeitung mitbringen.

Es war aber Glücksache, überhaupt eine Zeitung zu bekommen. Wenn der Lehrer sagte: „Lies du weiter", kam prompt: „Herr Lehrer, ich hab eine andere Zeitung." Täglich sollten wir Briketts zum Heizen mitbringen.

Was uns die Schule im wahrsten Sinne des Wortes schmackhaft machte, war die Schulspeisung. Diese wurde möglich durch die Quäker, eine religiöse Gemeinschaft in Amerika, daher auch *Quäkerspeise* genannt. Ausgehungert, wie wir alle waren, war es für uns ein notwendiger Sport, uns mit viel List eine weitere Portion zu ergattern.

Das war dann auch Grund für viele erheiternde Gespräche bei unseren späteren Klassentreffen. Die Mädchen hatten ja den gleichen Hunger wie die Jungen, man hielt uns aber wohl für leidensfähiger. Darum kamen bei der Verteilung der Quäkerspeise die Jungen immer zuerst dran. Man dachte auch an unsere Gesundheit. Einmal gab es für kurze Zeit täglich einen Esslöffel Lebertran. Der Löffel ging von Mund zu Mund durch die ganze Klasse. Das war weiterhin nicht schlimm, denn wir hatten alle die gleiche Krankheit: Hunger – aber nicht auf Lebertran.

Wer schon eine Lehrstelle hatte, konnte zu Ostern 1946 aus der Schule entlassen werden, alle anderen dann zu Ostern 1947. Für den langen Ausfall mussten wir ein neuntes Schuljahr mitmachen. Zu unserer Schulzeit gab es keine Klassenfahrten, nicht einmal eine Abschlussfeier. Gelernt wurde bis zur letzten Stunde, wir hatten so viel nachzuholen. Es gab aber nach der Schulentlassung vieles, was uns verband. Die Bunkerzeit, die Hungerjahre und diejenigen, die jetzt noch eine andere politische Einstellung hatten – es war vieles anders geworden.

Bruno Kneppe: *Veröffentlicht am 22.05.2020 in „www.unser.siegen.com - Abdruck mit freundlicher Genehmigung.*

Bombenangriff auf Siegen

Wie ich den 16. Dezember 1944 erlebte

Unsere Familie wohnte im Weidenauer Postamt, gegenüber dem heutigen Finanzamt. Mein Vater war langjähriger Leiter. Da er aber nicht in der NSDAP war, wurde er eines Tages von einem Kollegen, der der Partei angehörte, abgelöst. Zum Glück durften wir die Dienstwohnung behalten.

Das Postamt hatte einen öffentlichen Luftschutzkeller und Vater musste nachts, wenn Fliegeralarm war, den Keller für die Nachbarn öffnen. Meine Mutter, meine Schwester und ich blieben in der Wohnung. Da noch nie ein Angriff bei uns stattgefunden hatte, waren wir nicht ängstlich.

So war es auch am 16. Dezember 1944. Meine Schwester Margot, die beim Fernamt in Siegen – jetzt Museum für Gegenwartskunst – beschäftigt war, hatte dienstfrei. So hatten wir beschlossen, Weihnachtsplätzchen zu backen. Die Zutaten hatten wir mühsam zusammengespart. Die erste Portion war inzwischen fertig und lag zum Auskühlen auf dem Küchentisch. Um den Voralarm hatten wir uns nicht gekümmert, als plötzlich um Punkt 15 Uhr schweres Flugzeuggebrumm zu hören war. Dann ging alles ganz schnell. Die Bomben fielen! Es dröhnte und krachte! Wir gerieten in Panik und stürmten in Richtung Keller. Wir mussten am riesigen Flurfenster vorbei, was sehr gefährlich war und mir große Angst einjagte. Ein heftiger Luftdruck fegte durch das Treppenhaus. Alle Postbediensteten, Leute von der Straße, Vater, Mutter, Margot und ich rannten die Kellertreppe hinab. Wir hörten die Detonationen der Bomben, kauerten uns zusammen und fürchteten um unser Leben. Das Bombardieren dauerte an. Wir fühlten uns sehr elend, völlig hilflos mussten wir ausharren.

Gottlob blieb die Post verschont. Als wir uns nach der Entwarnung endlich wieder hervortrauten und nach draußen blickten, sahen wir, dass der Himmel in Richtung Siegen ganz rot war. Später erfuhren wir von den verheerenden Folgen des Angriffs. Durch Luftminen und Brandbomben war die Oberstadt schwer getroffen worden. Wir waren noch einmal verschont geblieben. Als wir aber wieder in unsere Küche kamen, waren keine Fensterscheiben mehr da. Sie waren durch den Luftdruck zerborsten und hatten den Weg für unsere Plätzchen frei gemacht. Die waren durch den Sog nach draußen geflogen und lagen im Garten unter dem Pflaumenbaum. Wir haben alle aufgesammelt und natürlich auch verzehrt.

Da wir in einem öffentlichen Gebäude wohnten, bekamen wir bald *Fensterscheibenersatz*. Er bestand aus doppeltem Zellophanpapier, das durch ein Karo aus Papierbindfäden verstärkt war. Das wurde an den Fensterrahmen befestigt.

Nach diesem schlimmen Erlebnis gingen meine Mutter und ich bei jedem Vollalarm in einen kleinen Tiefbunker der Firma Kritzler. Er war dort, wo heute das Finanzamt steht. Herr Kritzler hatte den Nachbarn erlaubt, den Bunker, der für die Werksangehörigen gebaut worden war, mitzubenutzen. Dafür bin ich ihm heute noch dankbar. In den folgenden Monaten haben wir ihn noch oft gebraucht.

Elsbeth Knoche, geborene Noeker, geboren 21.10.1929, verstorben am 28.3.2020.

Dä Dorfschmed va Lettfe

Schrurich esset eh dr Schmedde,
kraftvoll tönt dr Harnerschiach,
Grennewebbe, dröwe Fejsder,
et wüerd net hell dr ganze Daach.
Geisder si em Füer am danze,
die kennt dr Schmedd, an essen god,
dr Bloasebalch döt wahne fauche,
on Sterncher spratze eh dr Glot.

Kunstvoll formt dr Schmedd dat Ise ob dm Amboss
bim, bim, bumm,
au meint, dr Hamer wör am Danze,
en Pause gönnt dr Schmedd sech kum.
Em Wasser wur dat Dal jehärdet,
et zischde, peff, machde Musik,
dr Meisder kenn moal Oarem schäbbe,
et wor jeroare, warren Glögg.

Doch formt hä net nur glöhend' Ise meisderhäft
zom schüerbe Dal.
Dieser, Mensche, wenn se liere,
macht jeheimnisvoll hä hal,
oft zesame be dm Heerde,
on bet Hölfe der Nadur
notzt hä deren Heilungskräafde,
probat es so en Schmeddekur.
Rußjeschwärzt wor sin Jesechde,
doch lächeln doa hä stes doabi,
derwaje wur hä hoch jeachdet,
em ganze Dorf va alle Lüh.

Mim Vadder wor dä Schmedd va Lettfe,
goaw mir veel bet fot't Läwe,
dän Wahlspruch va de Schmeddezunft
well ech gerne wierergäwe:

Mit Gottvertrauen schlag mutig drein,
Hammer gibt es, nicht Amboss sein!

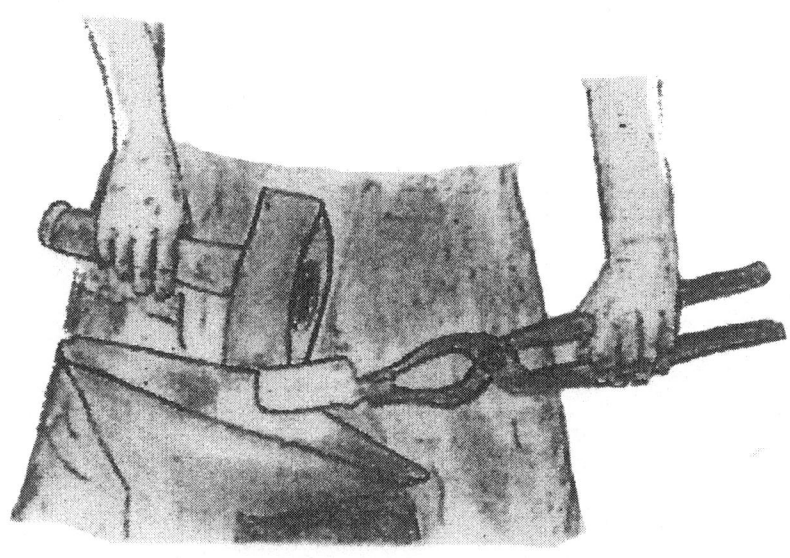

Bruno Steuber

Kindheit in den Vierzigern

Zunächst möchte ich betonen, dass wir als Jugendliche nicht alle an den Endsieg und an den Einsatz der *Hitler-Wunderwaffen* glaubten. Ich und viele andere wurden nicht im nationalsozialistischen Sinne erzogen. Mein Vater – ein Sozialdemokrat. Mein Vater Ernst Kneppe, Jahrgang 1906, wurde von der Firma Bertrams in den Kriegsjahren 1942 und 1943 einige Male *UK* (unabkömmlich) gestellt und musste dann für mehrere Wochen in Breslau, Thorn, Bromberg und Berlin arbeiten. Somit musste er nicht in den Krieg. Er sagte schon Anfang 1943, dass wir den Krieg verlieren würden und es auch gut sei, da wir sonst alle nach Russland deportiert worden wären.

Viel musste ich mich abends vor unser Fenster stellen oder setzen und mitteilen, wenn jemand kam, da mein Vater den Feindsender hören wollte. Dies war streng verboten und es hätte für ihn große Konsequenzen gehabt. Um sich und uns vor Repressalien zu schützen und seine eigene Überzeugung nicht aufgeben zu müssen, musste er sich vorsichtig in der Öffentlichkeit verhalten.

Die Mutter erzählte uns, dass mein Vater, als mein Bruder noch klein war, diesen oft in der Öffentlichkeit auf dem Arm getragen und mich an die Hand genommen hat, um nicht den Arm zum Hitlergruß erheben zu müssen. Das Bild von Hitler, das jede Familie bekam, hat nur stundenweise an der Wand gehangen.

Mein Vater wurde schon sehr früh mit Politik konfrontiert und war zeitlebens überzeugter Republikaner und Anhänger der parlamentarischen Demokratie – eine Überzeugung, die ihn schließlich auch in die SPD führte. Er sagte uns, man könne vieles überwinden, Hauptsache, wir würden von dem Tyrannen befreit. Er hat das Ende des Nazi-Reiches in Siegen miterlebt, Zerstörung, Hunger und nochmals Hunger. Für ihn war es ein erhebendes Gefühl, sich mit einigen alten Genossen zu treffen und die alte SPD wieder aufleben zu lassen. Er war von Anfang an dabei und wurde 1. Vorsitzender im Distrikt Winchenbach.

Auch war er 1921 dem deutschen Metallarbeiter-Verband (DMV) beigetreten, dem Vorläufer der heutigen IG Metall, deren 1. Vorsitzender er später viele Jahre lang in Siegen war. Bei den ersten Stadtverordnetenwahlen 1948 wurde er direkt in den Rat gewählt, wo er auch in verschiedenen Ausschüssen tätig war. 1946 und 1947 arbeitete er im Entnazifizierungsausschuss mit. Von 1948 bis 1960 war er als Schöffe und Geschworener tätig. Die Mutter beklagte sich immer, dass er wenig zu Haus war.

Bombenangriff am 1. Februar 1945

Als 14-Jähriger erlebte ich den schrecklichsten Abend im Stollen auf der Schieferhalde in der Winchenbach. Wie vielen bekannt ist, ereignete sich der zweite große Angriff auf die Stadt Siegen am 1. Februar 1945. Eine Luftmine traf in der Winchenbach die Albert-Richartz-Straße in der Bertramssiedlung, in der wir wohnten. Sie zerstörte einige Häuser, und es gab auch Tote. Darüber habe ich noch nie etwas gelesen. Deshalb möchte ich erzählen, was mir in meinem Gedächtnis noch geblieben ist.

Es war der Abend, an dem die Bomberverbände durch den Voralarm rechtzeitig angegeben wurden. Bevor wir uns an diesem Abend auf den Weg in den Stollen machten, gab es noch einen Disput zwischen meiner Mutter und meinem Vater. Wir sollten wieder ohne ihn in den Stollen gehen, worüber meine Mutter verständlicherweise sehr verärgert war. Er ließ sich aber nichts sagen und blieb zu Hause. Er sagte noch: „Ich suche Schutz unter der Kellertreppe."

An diesem Abend hatte ich zum ersten Mal den Rucksack, der immer vor unserem Bett stand und für mich und meinen Bruder gepackt war, nicht mitgenommen, da wir so in Eile waren. Auf dem Weg zum Stollen gab es dann Vollalarm und wir mussten uns sehr beeilen. Als der Bomberverband in Siegen angekommen war und die ersten Bomben fielen, waren wir rechtzeitig im Stollen auf der Schieferhalde und die Stahltüre wurde geschlossen. Hier gab es keinen weiteren Ausgang,

Bild oben: Bruno Kneppe (vorne links) mit Familie 1937 an der Eisernstraße (heute Leimbachstraße). Bild unten: Ernst Kneppe mit seinen Söhnen Bruno und Manfred auf der heutigen Leimbachstraße.

auch keine Be- und Entlüftung. Wäre der Eingang durch eine Bombe zugeschüttet worden, wären wir alle erstickt. Der Stollen hatte eine Länge von ungefähr 80 Metern mit zwei Gängen an jeder Seite, die 2,50 Meter breit und circa sechs Meter lang waren. Sie waren immer voll, da dies die sichersten Stellen im Stollen waren. Hier waren die Bänke teils mit Bettzeug belegt, da überwiegend die älteren Leute Platz fanden, es stank sehr muffig.

Nach circa einer halben Stunde war die Aufregung groß, es hatte einen sehr starken Knall gegeben, die Menschen waren alle aufgeregt und besorgt. Wo könnte etwa eine Bombe gefallen sein? Es sprach sich schnell herum, dass in der Bertramssiedlung etwas passiert sein müsste. Unsere Mutter schimpfte und wetterte: „Warum hat der Vater nicht auf uns gehört!?"

Sofort nach der Entwarnung machten wir uns schnell auf den Weg nach Hause. Der Vater kam uns schon entgegen und sagte: „Ihr seht: Mir ist nichts passiert! Das Haus steht noch, aber in der oberen Hälfte der Straße müssten einige Häuser getroffen sein." Und er machte sich sofort auf den Weg dorthin. Ich solle aber nicht mitkommen – er würde uns Weiteres berichten.

Der Angriff hatte circa um 19 Uhr begonnen, als es schon dunkel war, und gegen 19.30 Uhr muss wohl einer der letzten Bomber aus dem Verband eine Luftmine abgeworfen haben. Dies aber vielleicht nur, weil eines der drei Behelfsheime (das waren improvisierte Holzhäuser für die ausgebombten Deutschen), die hinter den Häusern standen, von Brandbomben getroffen worden war und lichterloh brannte. Das Ausmaß der Zerstörung haben wir am gleichen Abend noch mitbekommen. Unser Vater brachte eine Frau und ihre vier Kinder mit, der Vater war im Haus tödlich getroffen worden. Er war auch zu Hause geblieben und hatte Schutz unter der Kellertreppe gesucht. Dort war ihm durch die Wucht der Luftmine die Lunge geplatzt, er muss sofort tot gewesen sein. Die Anwohner, deren Häuser sehr stark oder total beschädigt waren, mussten die Nacht über erst einmal untergebracht werden. Wir hatten einen Keller mit vier Luftschutzbetten, haben dann zusätzlich noch Matratzen auf den Boden neben dem Kartoffelgerüst gelegt und verbrachten die Nacht mit neun Personen im Keller.

Bild oben: Die Brüder Bruno (l.) und Manfred Kneppe 1937.
Bild unten: Bruno Kneppe. Er wuchs in den 1940er-Jahren in der Win-
chenbach auf.

Der nächste Tag, als wir die Zerstörung zu sehen bekamen, war für uns schrecklich. Zwei Häuser waren komplett eingestürzt, einige schwer getroffen, es gab sechs Tote – alles von einer Luftmine. In dieser Zeit wurde es immer schlimmer. Schule fand nicht mehr statt. Am 6. März wurde das elterliche Haus unseres Vaters in der Tannenbergstraße 6 durch eine Bombe zerstört. Unsere Großmutter fand bei ihrer Tochter unterm Hain eine Unterkunft. In den nächsten Wochen überstürzten sich die Ereignisse: Die Amerikaner kamen immer näher und wir konnten es kaum abwarten, befreit zu werden und dass der Krieg ein schnelles Ende nehmen sollte.

Etwas möchte ich aber noch berichten: Wie schon gesagt, waren die Aufenthalte im Stollen immer länger und die Luft war immer schlechter geworden. Die Menschen kamen seit Wochen nicht mehr aus den Kleidern – unvorstellbar! Die Krätze und Flöhe machten sich breit, und man war froh, wenn man einmal dazu kam, sich notdürftig zu waschen. Eines Mittags entschloss man sich, einige große, weiße Betttücher vor den Stolleneingang zu legen. Das sollte eine verheerende Wirkung haben: Ein Fieseler Storch, das war ein Aufklärungsflugzeug der Wehrmacht mit extremen Kurzstarteigenschaften, hatte wahrscheinlich Aufnahmen gemacht. Ein junger Leutnant mit einer Artillerie, die sich auf dem Fischbacherberg befand, hatte uns mitteilen lassen, er werde den Stollen beschießen, falls wir die Tücher nicht entfernten. Es dauerte nicht lange, dann schlug eine Granate ein, einem Mann wurde der Unterarm zerfetzt. Es war jener, der viele Wochen lang dafür gesorgte hatte, dass Lebensmittel für uns da waren. Nun dauert es nicht mehr lange, bis die Amerikaner unsere Stadt eingenommen hatten.

Zwangsarbeiterinnen und -arbeiter

Die Arbeits- und Lebensbedingungen der Ostarbeiterinnen und -arbeiter sowie später gefangene Soldaten im Kreis Siegen waren sehr unterschiedlich. Mein Vater hatte sehr viel übrig für die Menschen. Er gab den Zwangsarbeitern heimlich Essen von den doppelten Brotrationen, die er morgens mitnahm, und etwas zu Rauchen.

In den ersten Kriegsjahren zurzeit der Polen-Erlasse brachte mein Vater eine Polin mit nach Hause, die etwas Deutsch konnte und auch bei Bertrams arbeiten musste. Sie hat etwa ein Dreivierteljahr bei uns gewohnt und bekam unser Kinderzimmer. Wir waren zwei Jungen und schliefen in einem Bett und mussten dann bei den Eltern im Schlafzimmer schlafen. Es war kein Badezimmer vorhanden, wir mussten uns alle in der Küche waschen. Nach einem Jahr wurde sie versetzt und wir haben nie mehr etwas von ihr gehört.

In den folgenden Jahren kamen immer mehr Ostarbeiter ins Siegerland. So kam es oft vor, dass sich die Arbeiter und Angestellten von Bertrams an Samstagen nach Feierabend Zwangsarbeiter zum Arbeiten mit nach Hause nehmen konnten. Der Vater versuchte immer, einen Gefangenen mitzubringen, und so warteten wir mit dem Essen, bis er zu Hause war. Hier durfte er sich – und das war Sinn der Sache – einmal richtig und mit anderen Lebensmitteln satt essen. In einigen anderen Familien war es umgekehrt. Da hörte ich einmal: „Erst musst du arbeiten, dann bekommst du etwas zu essen."

Die Russen waren z. T. kleine Künstler, sie bastelten aus Blechabfällen bewegliche Schmetterlinge und Figuren, die sich beim Fahren bewegten und in der Bevölkerung gut ankamen. Aus Dankbarkeit hat der junge Russe, der mehrmals bei uns war, dem Vater mit einem Bleistift ein Bild mit drei russischen Rittern gezeichnet. Dieses Motiv haben wir bei einer Reise in Moskau in der staatlichen Tretjakow-Galerie gesehen. Wieso konnte er dies so genau zeichnen? Er muss sehr begabt gewesen sein.

Die Behandlung der Zwangsarbeiter war ganz unterschiedlich, es hing jeweils von der Einstellung des Lagerleiters ab. In einigen Lagern wurden Russen zusammengeschlagen. Dies war unerträglich. Zum Schluss des Krieges, als die Befreier kamen und die Lager geöffnet wurden, gingen die Plünderungen los. In unserer Straße sollten sich die Männer mit Knüppeln bewaffnen, um sich vor den Russen zu schützen. Mein Vater sagte: „Ich habe keine Angst, denn ich habe die Menschen gut behandelt."

Vielleicht kann ich sagen, dass die Gefangenen es im Lager der Firma Bertrams noch verhältnismäßig gut hatten.

Besatzungszeit – Hungerzeit

In den letzten Kriegstagen waren in unserer Straße einige amerikanische Fahrzeuge stationiert, hier sahen wir die ersten schwarzen Soldaten. Sie verteilten an uns Kinder Schokolade und fragten, ob wir nicht noch mehr Hitler-Bilder hätten. Diese wurden dann mit großem Gelächter im Garten aufgestellt und mit Pistolen beschossen.

Nach einigen Wochen und Monaten wurden, um Lebensmittel zu erhalten, Gegenstände getauscht und gehandelt – auch mit den amerikanischen Soldaten. Der Hunger war groß und um etwas zu essen zu bekommen, mussten wir aufs Land fahren. Ab und zu wurden immer wieder auf dem Bahnhof in Kaan-Marienborn Güterzüge zusammengestellt, die nach Hessen fuhren. Der Vater brachte Zinkeimer, Sähmulden usw. mit, die wir dann unter anderem gegen Mehl, Speck und Eier tauschten. Morgens früh fuhr ab und zu ein Güterzug nach Hessen, er hielt an verschiedenen Bahnhöfen, wo jeder ein- und aussteigen konnte. Wir mussten aber erst mit den Sachen aus der Winchenbach bis zum Bahnhof in Kaan-Marienborn laufen, was für mich schon schwer genug war.

Der Vater hatte sich schon ein Dorf ausgesucht, wo wir aussteigen wollten. Da wir noch nichts gegessen hatten, mussten wir zusehen, dass wir dieses zunächst in einem Haus bekommen würden, was mir zunächst sehr schwerfiel. Der Tausch gegen die Lebensmittel war nicht einfach und wir wollten nicht mit den Zinksachen wieder nach Hause fahren. Bei der ersten Tour hatten wir auch alles getauscht und konnten abends in einem alten Bauernhaus übernachten, da der Zug erst am nächsten Tag zurückfuhr. Der Vater reiste einmal mit dem Zug nach Heidelberg, um Tabak zu bekommen. Der wurde unter einem dicken Mantel an den Körper geschnallt. In Kirchen, das war französische Besatzungszone, hatte man ihm den ganzen Tabak abgenommen.

Wir sind mit einem größeren Handwagen 35 Kilometer weit auf den Westerwald gefahren, um Kartoffeln zu hamstern. Mein Vater, ein Nachbar mit Sohn und ich waren zwei Tage lang unterwegs. Es war gefährlich, da die Gefangenenlager überall geöffnet wurden. Am Abend durften wir nicht weiterfahren und mussten bei den Amerikanern in einer Scheune übernachten. Auf den Dörfern wurden nachts heimlich Schweine, Ziegen und sogar Rinder geschlachtet. Von einem von einer Baufirma abgestellten alten Förderband haben wir uns für die Besohlung der Schuhe Stücke abgeschnitten. Eine im Wald gefundene Soldaten-Wolldecke wurde erst blau gefärbt, danach wurde daraus eine Hose geschneidert, die ich bei der Schulentlassung anziehen sollte. Zu den Verwandten auf dem Lande musste ich mit einem der ersten Omnibusse fahren, der in Dienst gestellt wurde, um dort Mehl, Butter und Milch für einen Kuchen zu holen. Später sagte man, den Bauern fehlte nur noch der Teppich im Stall.

Anmerkung: Mit den Polen-Erlassen vom 8. März 1940 schuf die nationalsozialistische Reichsregierung ein Sonderrecht, das polnische Zwangsarbeiter/innen und Kriegsgefangene während des Zweiten Weltkriegs als minderwertig betrachtete: Sie wurden gekennzeichnet, erhielten weniger Löhne und schlechtere Verpflegung als deutsche Arbeiter, durften ihren Aufenthaltsort nicht verlassen, weder Geld noch Wertgegenstände, Fahrräder, Fotoapparate oder Feuerzeuge besitzen, keine Gaststätten und Tanzveranstaltungen besuchen, keine öffentlichen Verkehrsmittel nutzen, keinen Kontakt zu Deutschen haben. Im Ostarbeiter-Erlass vom 20. Februar 1942 kamen noch schärfer gefasste Bestimmungen für sowjetische Kriegsgefangene, Zivilarbeiter und Deportierte hinzu. Dazu zählte ihre gesonderte Unterbringung, nach Geschlechtern getrennt. Bei Verstoß drohte ein Arbeitserziehungslager. Auf Geschlechtsverkehr mit Deutschen stand zwingend die Todesstrafe.

Bruno Kneppe: Veröffentlicht in „www.unser.siegen.com - Abdruck mit freundlicher Genehmigung.

Dreckspatze

Fönf Spatze soaße eh dr Hecke,
on hele Wenderkonferenz,
se lärmde, botzde ähr Jedfieder,
on träumde schur vam warme Lenz.

Se tschilpde öwer dies on jenes,
se pickde hi on doa wat Grönes,
se wolle dit on dat bezwecke,
on nächsdens och Hormone wegge.

Doch vörher heißt et Oawe ob,
wo görret wat ze mampfe?
Lang es et her,
wo ob dr Stroaß' Perdsäppel doae dampfe ...

En Koochekrömel louw em Dreck,
e Kend härren verlor'n
die Bande zänkt sech dröm wie gegg,
se si Zorn Stritt jebor'n.

Dr Spatzegüggel soaß am Eng
als Sieier eh de Strüche,
dat domme Volk zetert nur röm:
mir ha och lierije Büche!

Se froawe noa Jerechdichkeit,
on öf dat wör sozial,
dä Ahl, de Buchsorj, plusdert sech,
dat Volk es däm egal.

Hä macht erscht moal e Bäuerche,
linst noa der schüernsde Spätzin,
da döt hä dat, wat Hähne do, on tschilpt:
die es etz och min.

Dän schwarze Schnawel wetzt dä Herr,
on Chef öwer vier Spatze,
hä föhlt sech stark, doch süd hä net
die grourße schwarze Katze.

Bruno Steuber

Heimatgefühl

Ich wurde vor 76 Jahren im Siegener Stadtteil Geisweid geboren, wo ich heute noch im Elternhaus lebe. Meine große Liebhaberei ist das Lesen, außerdem verfasse ich gerne Gedichte zu besonderen Anlässen im Familien- und Bekanntenkreis.

Schon in sehr frühen Jahren ist durch ein Lied in mir ein Gefühl zu meinem Heimatland entstanden. Meine Großmutter war Vorsitzende des DRK-Frauenvereins Geisweid. Als Kind durfte ich bei den alljährlich durchgeführten Rot-Kreuz-Ausflügen mitfahren. Damals war es üblich, dass sowohl im Omnibus als auch beim abendlichen gemütlichen Beisammensein viele schöne Volks- und Heimatlieder gesungen wurden.

Ganz besonders freute es mich, wenn zum Abschluss des Abends das *Sejerlandlied* gesungen wurde. Dieses Lied hat sich mir seit dieser Zeit eingeprägt und ist für mich zum Inbegriff für meine Heimat, das Siegerland, und meinen Heimatort Klafeld-Geisweid geworden:

Wo em Dal de Hirte bet der Herde goah,
wo am Berg de Denne on de Eiche stoah,
wo am Kennelsberg mer sütt e det wiere Land,
jo dat es os Heimat, os schoennes Sejjerland.
Meddedree Städtche woahlbekannt,
Seje es det Krönche va dem Sejjerland.
Wo vam owre Schloß merz Ferndotfdal rob sütt,
doa verlebte mir os schoene Kennerzitt.
Wo der Bergma e det donkle Schacht re fährt,
wo hä det Ise gräbt def e der Er,
Hammeschrnett on Bergma om Sejsbröckerstand,
jo dat es det Sennbeld vam flissije Sejjerland.
Joa et gött mer nur e einzig Sejjerland,

durch de Riewkoche es et och bekannt.
Röft mer e der Fremde Riwekoche moa,
weis mer gleich, iz sie de Sejjerlänner doa.
Wenn mer da moa russer e de Fremde gehrt.
On dobie de ganze viere Welt durchfährt,
fend mer doch keif Plätzche ob der ganze Welt,
darr en so aheimelt, darr en so gefällt.
Deshalb wä dich hätt noch nett gekannt
Min lewes, wonnerschörnes Sejjerland,
dä moss emol komme hurdich noa dir hin,
da weil hä em Läwe nirgends lewer sinn.
Der schörnste Dorf em ganze Sejjerland,
wo Schlackensand on Ise got bekannt,
wo det schörnste Frejbad lejt em Sohlbachtal,
dat es Kloawend-Geisweid bett dr SchlackehaaL

Inge Schmolz. Der genaue Verfasser des Textes ist nicht bekannt, da es sich um ein überliefertes Volkslied handelt.

Duffeln, wat da sösd

Dr Karl, dä gerne Duffeln oaß,
noadenklech vör dm Deller soaß.
Oh Düffelcher, ech ha ou gern,
ech könn ou Daach on Nacht verzehr'n!

Gwällduffeln, Linda, kernjesond,
wern gern zo Duffelnbrejj jepungt,
och kläängjeschnere on jebroare,
bet Bodder wern se god jeroare.

Mr ka se och e Schballern schniere
för Duffelnschloat, so sallet bliewe.
Duffeln si för wennich Geld
dt Allerbesde ob dr Welt.

Sin Frou, dat Marlies, schlank wie'n Dänne,
sädde gä än: „Min lewer Männe,
mir södst de sowat och moal sä,
dat könn ech öfdersch god verdrä!"

„Ach Lewetche, ech si en Dussel,
dech hanech lewer doch wie'n Duffel,
e Küssje, komm, alles vergesse,
doch etzend loaß eh Rouh mech ässe ..."

„Joa, ess du moal, on schlabber net,
loaß mir 'n paar öwerich, wenn de wet."

Gore Abbedid!

Bruno Steuber

Siegerländer Pionierarbeit
für den Wiesenbau

Ohne Zweifel hat das Siegerland einst Pionierarbeit für den kunstgerechten Wiesenbau geleistet. Wenn dies auch heute, wo man bei uns im Agrarüberschuss lebt und für brachliegende Flächen in der Landwirtschaft Prämien bezahlt werden, sich etwas verwundert anhört. Vor Jahrhunderten war es doch von großer Wichtigkeit, wie das Gras auf einem kargen Boden, zum Beispiel im Siegerland, wuchs. Schon am 13. Juni 1539 wurde im nassau-siegenschen Weistum die älteste bekannte Verordnung, die sogenannte Bitzenordnung erwähnt. Weitere Wiesenverordnungen wurden in den Jahren 1732 und 1785 unter nassau-oranischer Regierung über die Ausführungen von Ent- und Bewässerungsanlagen erlassen. Diese Verordnungen wurden später zusammengefasst und auch unter preußischer Verwaltung im Wassergesetz aufrechterhalten.

Der Grund der frühen Entwicklung des Wiesenbaues, gerade im Siegerland, lag an den Bodenverhältnissen, den wasser- und gefällreichen Tälern und dass die Einwohner durch den Bergbau sowie die Hütten- und Hammerbetriebe von je her harte Arbeit gewöhnt waren. Durch die vielfach natürliche Überrieselung der Grasflächen an den Gräben der Wassertriebwerke, haben sich die so außerordentlich verschiedenen Bewässerungssysteme herausgebildet. Da die Hütten- und Hammerbetriebe abhängig von Holzkohle, Erz und Wasser waren und die Anzahl der Betriebstage begrenzt war, blieb noch Zeit, neben der Eisenindustrie auch den Wiesenbau zu betreiben.

Die Grundlage für den Hütten- und Hammerbetrieb sowie für den Wiesenbau bildete naturgemäß der große Wasserreichtum unserer Bäche. Somit ist es auch nicht verwunderlich, dass das Wasser mit weitem Abstand der größte Energieträger in unserem Heimatland war. Im Siegerland ist der Beweis geliefert worden, dass bei Einsicht Wassertriebwerke und Wiesenbewässerung gut nebeneinander bestehen konnten.

Das Wasser wurde von der Quelle an bis zum Verlassen unseres Kreises fast ununterbrochen zur Bewässerung der Wiesen genutzt, obwohl sehr viele Wassertriebwerke an der Strecke lagen. Der Schwerpunkt der Bewässerung wurde auf die Ausnutzung der düngenden Fluten gelegt. War die düngende Bewässerung gut ausgeführt, dann genügte für die Anfeuchtung der Wiesen die Zeit während der Sonn- und Feiertage, an denen die Wassertriebwerke ruhten. Industrie und Wiesenbau hatten dann genügend Wasser zur Verfügung.

Man hatte zwei Bewässerungssysteme entwickelt, und zwar den Hang- und den Rückenbau. Bei dem Hangbau nutzte man das natürliche Gefälle. Es wurden Zuleitungsgräben geschickt angelegt und das Wasser in ein Netz von Rieselrinnen geleitet, die eine gleichmäßige Wiesenbewässerung brachte. Es waren die sogenannten Rieselwiesen. Das überschüssige Wasser wurde durch Ableitungsgräben dem Bache wieder zugeführt.

In den Talsohlen dagegen wurde der Rückenbau angewendet. Es war eine teure und sehr arbeitsintensive Baumethode. Hierbei wurde der Rasen auf beiden Seiten des Zulaufgrabens fachgerecht in gleichmäßige Stücke geschnitten, abgetragen, aufgerollt und auf die Seite gelegt. Es wurde nun beidseitig des Grabens das Erdreich erhöht, sodass ein ganz leichtes Gefälle entstand. Die Erhöhung richtete sich nach Länge der zu bewässernden Grundstücke. Danach wurden die Rasenstücke fachgerecht wieder aufgelegt und angeklopft. Da diese Bewässerung in den Wiesen künstlich, durch Erhöhung der Rücken angelegt wurde, nannte man dies auch Kunstwiesenbau.

Vor der ersten Kälteperiode im Herbst berieselte man die Wiesen wochenlang. Denn zu dieser Zeit brachten die Bäche von den abgeernteten Feldern und den gebrannten Haubergsschlägen die besten Düngemittel mit. Dagegen diente die Frühjahrsbefeuchtung der Wiesen hauptsächlich der Bodenerwärmung und der -reinigung. Die Bewässerung im Sommer sollte die Wiesen nicht austrocknen und für einen besseren Graswuchs sorgen.

Nach den Freiheitskriegen im Jahr 1816 wurde dem Ministerium Folgendes im Auftrag berichtet: „Im Siegerland sind wohl alle nur denkbaren Formen der Bewässerung vertreten. Die Breite der Rücken wechselt von drei bis 60 Meter, ebenso ist auch die Einrichtung des Rücken- und Hangbaues außerordentlich mannigfaltig in ständiger Anpassung an die natürlichen Verhältnisse."

1835/36 wurden die Keppelschen Stiftswiesen im Ferndorftal umgebaut. Fast 50 junge Menschen aus den Bezirken Arnsberg, Breslau, Köln, Kurhessen, Minden und Münster kamen nach Keppel und wurden im Wiesenbau unterrichtet. Hierdurch wurde auch der Siegerländer Wiesenbau in anderen Gegenden bekannt, und die Wiesenkultur bekam im Allgemeinen eine Aufwertung.

Im Jahre 1838 erschien der *Katechismus des Kunstwiesenbaues nach Siegener Art*. In ihm wurden u. a. die Werkzeuge aufgeführt, die der Wiesenbauer seinerzeit benötigte. Da war das Rissmesser', welches zum Spalten des Rasens diente, und das Wiesenbeil zum Aushauen der quadratfußgroßen Rasenstücke. Sie wurden aufgerollt und nach der Bodenerhöhung für die Rieselrinne wieder aufgelegt und mit dem Wiesenschläger' angeklopft. Die unterschiedlichen Gräben hob man mit der Stechschüppe aus. Das Visierkreuz wurde zum Nivellieren benötigt und mit der Kanal- oder Setzwaage' wurde das Gefälle hergestellt. Dann wurden noch Holzstäbe, deren Spitzen aus Eisen waren benötigt, und eine 160 Fuß lange Hanfschnur, die zum Abstecken der Linien verwendet wurde.

Die 4370 Hektar Wiesen des Kreises wurden von 262 Genossenschaften bzw. Wiesenverbänden verwaltet. Man hatte im Siegerland schon sehr früh erkannt, dass man in einer kleinen Gemeinschaft die beste Grundlage für einen lohnenden Betrieb bilden konnte. Nicht nur verwaltet, sondern auch gebaut und unterhalten wurden die Bewässerungsanlagen gemeinsam. Als am 28.10.1846 die Wiesenverordnung für den Kreis Siegen aufgelassen wurde, ging man davon aus, dass bereits Genossenschaften vorhanden waren. Kein Wiesenbesitzer empfand die genossenschaftliche Einrichtung, die auf den Grundsätzen der Selbstverwaltung ruhte, als unangenehm, weil die Beaufsichtigung durch Personen ausgeübt wurde, die von den Besitzern selbst gewählt wurden. Die Wiesenverordnung sagte im §37:

Die Besitzer der gemeinschaftlich zu bewässernden Wiesen bilden eine Genossenschaft und einen Wiesenverband.

Die §§54 und 61 beinhalten:

Die Beaufsichtigung der Anlagen wird zunächst von den Wiesenverbänden ausgeübt. Aus jedem Amtsbezirk sind drei Wiesenschöffen und ein Stellvertreter zu stellen, denen die Beaufsichtigung der Wiesenvorsteher obliegt.

Nachlässige Wiesenbesitzer drohten bis zu zehn Albus Strafe.

Wie bekannt der Siegerländer Wiesenbau war, kam durch den Fürsten Bismarck zum Ausdruck, denn er ließ in den 1840er-Jahren auf einem seiner Güter die Wiesen durch Siegener Techniker ausbauen. Er sagte darüber am 12.12.1891 zu Vertretern der Stadt Siegen, die ihm den Ehrenbürgerbrief überreichten: „Zum ersten Mal kam ich mit ihm (gemeint war das Siegerland) in Berührung, als ich vor 50 Jahren ein Gut übernommen hatte, welches durch unzweckmäßige Rieselwirtschaft geschädigt war. Damals hörte ich zuerst von Siegener Rieselwiesen und sah landwirtschaftliche Techniker aus ihrer Heimat bei mir, um meine Wiesen nach der bewährten Siegener Methode zu verbessern.“

Bei fachgerechter Bewässerung der Rieselwiese war die Düngung so gut, dass der Heuertrag im nächsten Jahr in Menge und Qualität etwa ein Drittel besser war als bei einer normalen Wiese. Ja, das Wasser war bei den Wiesenbesitzern schon sehr begehrt. Somit ist es auch nicht verwunderlich, dass es nachts manchmal heimlich umgeleitet wurde, um die eigene Wiese noch mehr zu bewässern, als es vorgesehen war. Bei einer Siegerländer Rieselwiese rechnete man 0,3 bis 0,4 Hektar Futterfläche für eine Kuh. Im Reichsdurchschnitt wurde mit der doppelten Fläche gerechnet. Um die Gräben zu schonen, wurde bei der Heuernte mit dem Fuhrwerk gezielt durch die Wiesen gefahren. Auch mit dem Heutuch wurde das getrocknete Gras zum Wagen getragen.

Der Siegerländer Wiesenbau hat in seiner alleine über 400-jährigen Gesetzesgeschichte viele Achtungserfolge verbuchen können. Die größte Achtung hat er aber Mitte Oktober 1853 bekommen mit Gründung einer Wiesenbauschule in Siegen. Die Schule wurde mit zwölf Schülern eröffnet und der damalige Direktor der Siegener Realschule Dr. Schnabel übernahm die Verantwortung und arbeitete den ersten Lehrplan aus. Der Kultur- und Gewerbeverein war der erste Trägerverein dieser Schule, die später der Kreis übernahm. Die Unterhaltungskosten wurden zu je einem Viertel vom Kreis, der Provinz Westfalen, der Rheinprovinz und dem Staat übernommen.

Nach meinen Erkenntnissen war es die erste Schule dieser Art. Später sind noch Wiesenbauschulen nach dem Siegener Muster in Königsberg, Bromberg, Suderberg und Schleusingen gegründet worden. Ihre ersten Fachlehrer hatten zuvor alle die Wiesenbauschule in Siegen besucht. Die Schule hatte zum Ziel die Ausbildung künftiger im Meliorationsdienste stehender Wiesenbaumeister. Sie bestand aus vier Schulklassen und einer Meisterklasse. Jede Klasse musste mindestens ein Jahr besucht werden. Unterricht wurde in folgenden Fächern erteilt:

01. Allgemeiner Pflanzenbau, 02. Theorie des Wiesenbaues, 03. Feldmessen und Nivellieren, 04. Kartieren, 05. Projektbearbeitung, 06. Elemente der allgemeinen Baukunde Hydraulik, 07. Teichwirtschaft, 08. Deutsche Sprache, 09. Rechnen und Arithmetik, 10. Planimetrie und Stereometrie, 11. Trigonometrie, 12. Botanik, 13. Chemie, 14. Allgemeine und landwirtschaftliche Mechanik, 15. Landwirtschaftliche Betriebslehre, 16. Gesetzes- und Verwaltungskunde, 17. Geometrisches Zeichnen, 18. Freihand- und Planzeichnen und 19. Schönschreiben.

Es darf nicht unerwähnt bleiben, dass sich der Fachunterricht nicht nur auf das unmittelbare Gebiet des Wiesenbaues, der Drainage sowie der Moor- und Heidekultur beschränkt hatte. Mit Rücksicht auf die spätere Tätigkeit der Wiesenbaumeister hatte sich die Ausbildung auch auf dem Wege- und Wasserleitungsbau, die Kanalisation der Ortschaften, die Abwässerreinigung sowie die landwirtschaftliche Abwässerverwertung erstreckt.

Die praktische Ausbildung wurde natürlich großgeschrieben. Zu jeder Prüfung gehörte die selbstständige Projektierung und Ausführung einer Wiesenanlage mit Bewässerung. Auch als Schüler wurden sie bei den örtlichen Aufnahmen, Absteckungen und Ausführungen von Meliorationen aller Art, weit über das Siegerland hinaus beteiligt.

Die Separation der Wiesen im großen Umfang hatte bei uns erst Mitte der 1880er-Jahre begonnen, da die Schülerzahl gestiegen war und man praktische Arbeit für sie haben musste. Die ausgebildeten Wiesenbaumeister, meist Söhne von Landwirten, haben zu Hause in allen Gegenden Deutschlands oft zu einer Separation beigetragen. Hierdurch konnten moderne Ent- und Bewässerungsanlagen nach der Siegerländer Methode gebaut werden. Dies war vorher wegen der starken Parzellierung nur schlecht möglich.

Im engen Zusammenhang mit dem Wiesenbau standen die Viehweiden in den Haubergen bei uns um Siegerland. Da Eichen und andere Stockausschläge im jungen Zustand von dem Vieh gerne gefressen wurden, war das Beweiden in den ersten sechs Jahren nach Abholzung streng untersagt. Danach hatte das Vieh fünf Monate des Jahres stets Nahrung gefunden. Hierfür hatte jeder Ort seinen Hirten, der im sogenannten Wandeltisch in den einzelnen Häusern beköstigt wurde. Die Gemeinden Ernsdorf und Burbach hatte die ersten Hirten, die ihre Dorfherde in den Weidekämpen hüteten.

Somit lieferten die Hauberge das Sommerfutter und die Rieselwiesen das Futter für den Winter. Die Bewegungen auf den Bergweiden taten dem Vieh gut und führten zu einer gesunden Entwicklung. Es war das einfarbige rote Höhenvieh, was stets alle Spannarbeiten in der Landwirtschaft und im Hauberg zu verrichten hatte. Man sprach sogar von einer Siegerländer Rasse, deren Weiterzüchtung sich die Siegerländer Herdbuchsgenossenschaft, die am 12. Dezember 1894 gegründet wurde, zur Aufgabe gesetzt hatten. Durch die wohl einmaligen Haubergshuden hatte das Siegerland seinerzeit auf ein ha Ackerland gerechnet auch die stärkste Viehhaltung von ganz Preußen.

Im preußischen Wassergesetz vom 07.04.1913 wird die heute vergessene Wiesenordnung noch einmal als Sondergesetz für den Kreis Siegen aufgeführt. Erst in den 1950er-Jahren kamen die Siegerländer Bewässerungssysteme, durch wirtschaftliche Veränderungen, zum Erliegen. Die Wiesenverbände sind aufgelöst worden und der Wasserbau wurde Aufgabe der Gemeinden. Wenn dieser Wiesenbau auch längst der Vergangenheit angehört und immer weiter einschlummert, so sollten wir nicht vergessen, dass das Siegerland einst die klassische Stätte des intensiven und kunstgerechten Wiesenbaues war.

Heinz Bensberg: *Geboren wurde ich am 6.11.1939 in Dahlbruch, Kreis Siegen (NRW), wo ich auch heute noch wohne. Dahlbruch ist 1969 bei der Gemeindegebietsreform nach Hilchenbach eingemeindet worden. Im Stadtrat von Hilchenbach war ich viele Jahre als Ratsmitglied tätig. 2003 wählte man mich zum Ortsheimatpfleger von Dahlbruch. Zu den Aufgaben eines Ortsheimatpflegers zählt es auch, wenn möglich, das Historische des Ortes und der Region festzuhalten. Aus diesem Grunde habe ich von Dahlbruch und dem Ferndorftal etwas aus den vergangenen Tagen aufgelistet. Aber auch aus dem Siegerland wird über Vergangenes berichtet.*

Lettfer Platt för Uswärdije

Gälhor heißt die Rindfleischsehne,
Füeröjjel sagt man zur Sirene,
Strichschböahnche man ein Streichholz nennt,
ein **Gaardeschöjsel** jeder kennt.
Beim **Aschmeerschbörschdche** wird es schwer,
denn Schuhe schmiert heut keiner mehr.

Truweln sind Johannesbeeren,
der **Rieserbäsem** dient zum Kehren,
'n **Duffeinhoach** das ist ein Pflug,
jeschöjd ist jener, welcher klug.

Die **Frell**, die schwimmt als Fisch im Bach
und **Schur** bedeutet „Guten Tag",
om **Barchem** ruhet fest der Schläfer,
und **Heerde** heißt auf Hochdeutsch Schäfer,
auch Hirte sagt man da und hie,
wenn er zum **Kampen** treibt das Vieh.

Zu **schbratze** sagt man vornehm spritzen,
die **Memm** ein Euter mit vier Zitzen,
im **Sorreifass** da fährt man Jauche,
die **Schebbe** schöpfend man gebrauche.

Kuddedoil heißt leicht verrückt,
und **gnatschich** ist, wer nicht entzückt,
die **Härw** ist eine Räucherkammer,
lierich heißt leer, das ist ein Jammer.

Olidd und **Ödocht** übersetzen meint,
Menschen, die sich widersetzen,

der **Söjjung** ist ein frecher Junge,
am Langholzwagen fehlt 'ne **Runge**,
dourwe, das heißt: ganz da oben,
und **iourwe** ist, wenn wir wen loben,
mit **hüche** meint man niederhocken,
der **Rämmler** tut die Häsin bocken.

'ne **Dudde**, das ist eine Tüte,
wenn einer **möh** ist, ist er müde,
zu Frosch sagt man in Littfeld **Hogge**,
der Brathering heißt **Sorreidogge**,
ein **Lälles** ist, wer sehr viel spricht,
der **Triewes** ist ein Bösewicht.

NODDA heißt auf Wiederseh'n,
und **schüer** heißt einfach: es war schön ...

Bruno Steuber

„Global Player"
mit Siegener Wurzeln

Es gibt Unternehmen, die sind auch als „Global Player" tief mit ihrer Region verbunden. Dazu gehören die Unternehmen Vetter, die heute ihren Sitz in Burbach und Haiger haben.

Firmengründer war im Jahr 1889 der damals erst 23-jährige gelernte Grubenschmied Arnold Vetter (1866-1933). Seine Lehrzeit hatte er bei der Grube „Eisenzecher Zug" in Siegen-Eisenfeld absolviert. Viele seiner ersten Aufträge erhielt Arnold Vetter in den Anfangsjahren seines Betriebs von dort – Durchführen von Reparaturarbeiten an Förderwagen und Instandsetzen von Handwerkszeugen der Bergarbeiter füllten seine Auftragsbücher.

Diese Förderwagen entwickelte er zur „Kipplore" weiter, die sich in den Folgejahren zu einem wahren Verkaufsschlager entwickelten. Bis zum Jahr 1954 wurden davon bei der Firma Vetter alleine 48.000

Arnold Vetter legte 1889 in Siegen-Eisenfeld den Grundstein für ein heute weltweit agierendes Unternehmen.

Stück hergestellt. Bis zum Ersten Weltkrieg beschäftige Arnold Vetter bereits 80 Mitarbeiter. Später produzierte man für den Bergbau auch Förderkörbe, Fördertürme oder Schachtbühnen.

1933 übergab Arnold Vetter, zu diesem Zeitpunkt bereits schwer erkrankt, die Leitung der Firma in die Hände seines ältesten Sohnes, Ing. Albert Vetter, der bereits seit einigen Jahren im Unternehmen tätig war. Nach dem Tod des Firmengründers und seiner Ehefrau Lina im Jahr 1933 wurde das Unternehmen in eine Kommanditgesellschaft umgewandelt, die Geschwister Hermann und Friederike wurden ausbezahlt – Albert Vetter als Komplementär und Ernst Vetter als Kommanditist waren nun alleinige Inhaber des Familienbetriebs.

Nachdem die Wirtschaftskrise der 1930er-Jahre auch der Firma Vetter stark zugesetzt hatte und man sich beispielsweise von Immobilien und Grundstücken hatte trennen müssen, die über Jahre hinweg erworben worden waren, setzte Mitte der 1930er-Jahre wieder ein Wirtschaftsaufschwung ein – bedingt durch die Kriegswirtschaft brauchte man im Land Kohle und Erz. Die Firma Vetter spezialisierte sich in dieser Zeit auf Förderkörbe und Abteufkübel, die in sehr großer Zahl hergestellt wurden.

Die Belegschaft 1902 mit der kompletten Werkstattausrüstung.

Familie Vetter im Jahr 1912: Friederike, Ernst, Lina, Albert, Arnold und Hermann (v.l.n.r.). Albert Vetter trat 1933 die Nachfolge seines Vaters im Betrieb zusammen mit Bruder Ernst an.

1962 war ein ereignisreiches Jahr für die Firma Vetter. Damals bestand die Belegschaft nur noch aus 20 Arbeitern und fünf Angestellten. Es war auch das Jahr, in dem man der junge Klaus Vetter die Geschäftsführung der Firma übernahm. Albert Vetter starb, nachdem er bereits 1960 schwer erkrankt war, im Dezember 1962.

Während des Zweiten Weltkriegs konnte die Produktion nur mühsam aufrechterhalten werden, da alle wehrhaften Mitarbeiter zum Kriegsdienst verpflichtet worden waren. Nach dem Krieg mangelte es zwar nicht an Aufträgen, aber an Mitarbeitern, denn viele der ehemaligen Arbeiter war nicht aus dem Krieg zurückgekehrt.

Dann folgten die Wirtschaftswunderjahre, die aber an der Firma Vetter vorbeigingen, die sich zu 100 % auf den Bergbau spezialisiert hatte, nun aber waren die deutschen Zechen gegenüber der weltweiten Konkurrenz nicht mehr wettbewerbsfähig, das Zechensterben in Deutschland setzte ein. Bis 1960 schrumpfte die Belegschaft der Firma Vetter, die es verpasst hatte, neue Wege zu gehen und zu investieren, auf 25 Personen.

Dies war auch das Jahr, in dem Firmenchef Albert Vetter, der kinderlos war, schwer erkrankte. Sein ältester Neffe Arnold, Sohn seines Bruders Hermann, sollte von nun an die Geschicke des Unternehmens lenken. Doch der warf nach wenigen Monaten das Handtuch. So beschlossen Albert und Ernst Vetter schließlich, den damals erst 22-jährigen Klaus Vetter, gelernter Industriekaufmann und zu diesem Zeitpunkt Gebirgsjäger und Offiziersanwärter, die Geschäftsführung anzutragen. Dieser gab schließlich nach langen Diskussionen dem Druck der Familie nach, gab eigene Pläne auf und übernahm im Frühjahr 1962 die Geschäftsführung.

Wenige Monate später, im Dezember 1962, verstarb Albert Vetter mit 70 Jahren – Klaus Vetter wurde buchstäblich ins kalte Wasser geworfen, denn eine Übergabe oder Einführung hatte es nicht gegeben. Mehr als 40 Jahre lang – von 1962 bis 2004 – leitete er die Geschicke der Firma Vetter und baute sie zu einem weltweit agierenden Unternehmen aus. „Die wirtschaftlichen Erfolge haben wir engagierten Menschen und Weggefährten zu verdanken, die sich mit ganzer Kraft für die betrieblichen Belange eingesetzt haben", schreibt er dazu im Vorwort der Chronik zum 125-jährigen Firmen-Jubiläum.

Nach wirtschaftlichen Erfolgen sah es jedoch 1962 zunächst nicht aus – die Belegschaft war überaltert, der Maschinenpark total überholt und die Produktionen für den Bergbau rückläufig. Doch zusammen

Hatte man bis zu den 1960er-Jahren vor allen Dingen für den Bergbau produziert, setzte mit dem Eintritt von Klaus Vetter ein neues Denken ein. Die ersten Gabelzinken für Gabelstapler wurden 1964 geschmiedet.

Ein neues Standbein – Schwenkkrane. Anfangs war jeder Kran noch ein echtes Unikat, der erste Kran entstand übrigens aus einem Telefonmasten, der zum Kran umgebaut wurde. Die Produktion wurde forciert durch einen Auftrag der Deutschen Bundespost, für die das Siegerländer Unternehmen im Laufe von fast zehn Jahren 140 Krane herstellte.

mit seiner Frau Heidi, die nicht nur die Familie managte, sondern auch als Exportsachbearbeiterin im Unternehmen tätig war, stellte sich der junge Mann den vielen Herausforderungen. So erzählt er beispielsweise, dass 1964 die Idee, Gabelzinken für Gabelstapler herzustellen, vom damaligen Schmiedemeister kam. Natürlich konnte damals noch niemand ahnen, was sich daraus entwickeln würde.

Erste Anfangserfolge stellten sich ein und so stiegt im Jahr 1964 der Umsatz der Firma erstmals auf über eine Millionen DM – eine kleine Sensation für den jungen Geschäftsführer. Doch er ruhte sich auf diesem Erfolg nicht aus, suchte in den Folgejahren immer wieder nach neuen Produkten, denn noch war nicht klar, dass er mit Gabelzinken für Gabelstapler dauerhaft Erfolg haben würde. Später kamen Schwenkkrane hinzu, nicht zuletzt forciert durch einen Auftrag der Deutschen Bundespost, für die das Siegerländer Unternehmen im Laufe von fast zehn Jahren 140 Krane für die Lagerung von Kabeltrommeln herstellte.

Messeauftritte ab Mitte der 1980er-Jahre und zunehmende Auslandskontakte, vor allen Dingen aber der Entschluss von Klaus Vetter, sich ausschließlich auf die Herstellung und Entwicklung von Kranen und Hebezeugen sowie Gabelzinken zu spezialisieren, waren schließlich die Grundlage dafür, dass das heimische Unternehmen 100 Jahre nach seiner Gründung im Jubiläumsjahr 1989 mit 135 Mitarbeitern einen Umsatz von 30 Millionen DM erwirtschaften konnte. Ein zweites Werk in Burbach (1990) sowie der Aufbau Ost setzen weitere markante Punkte in der Firmengeschichte, ebenso neue Kransysteme und neue Kunden im In- und Ausland. 1992 stieg dann die vierte Generation der Familie Vetter in die Geschäftsführung des Familienunternehmens ein – der damals 30-jährige Dipl.-Kfm. Arnold Vetter.

In den folgenden Jahren stiegen Mitarbeiterzahl und Umsätze stark an. Besonders das neue Gabelzinkenwerk Burbach, unter Leitung von Arnold Vetter – Sohn von Klaus Vetter – expandierte durch Internationalisierung stark. Die ständigen Investitionen in Maschinen, Anlagen, Personal und die Zusammenarbeit mit der UNI Siegen zahlten sich aus. Unter dem Dach der VETTER Holding arbeiteten die Bereiche Krantechnik, Kranservice und Umformtechnik selbstständig, effektiv

Das neue Kranwerk der VETTER Krantechnik GmbH in 35708 Haiger, Kalteiche-Ring 13-15.

Das neue Verwaltungsgebäude der VETTER Holding AG in 35708 Haiger Kalteiche-Ring 22

und sehr erfolgreich. 2009 wurde der alte Standort Siegen-Eiserfeld aufgegeben und das Kranwerk in das neue Industriegebiet Haiger-Kalteiche/Hessen, direkt an der Autobahn A 45 gelegen, verlegt. Die Stadt Siegen konnte trotz großer Bemühungen kein entsprechendes Grundstück anbieten.

Vetter heute im 135. Jahr

Aus dem kleinen Startup Unternehmen, das Arnold Vetter vor 135 Jahren gründete, ist ein großes mittelständisches Unternehmen geworden. Die fünfte Generation tritt gerade an. Im Rahmen der Erbteilung wurde 2014 eine Aufspaltung/Besitzteilung der Unternehmensbereiche vorgenommen.

Vetter Industrie GmbH, Burbach - Weltmarktführer für Gabelzinken im Besitz des Familienstammes Arnold Vetter. Vetter Krantechnik

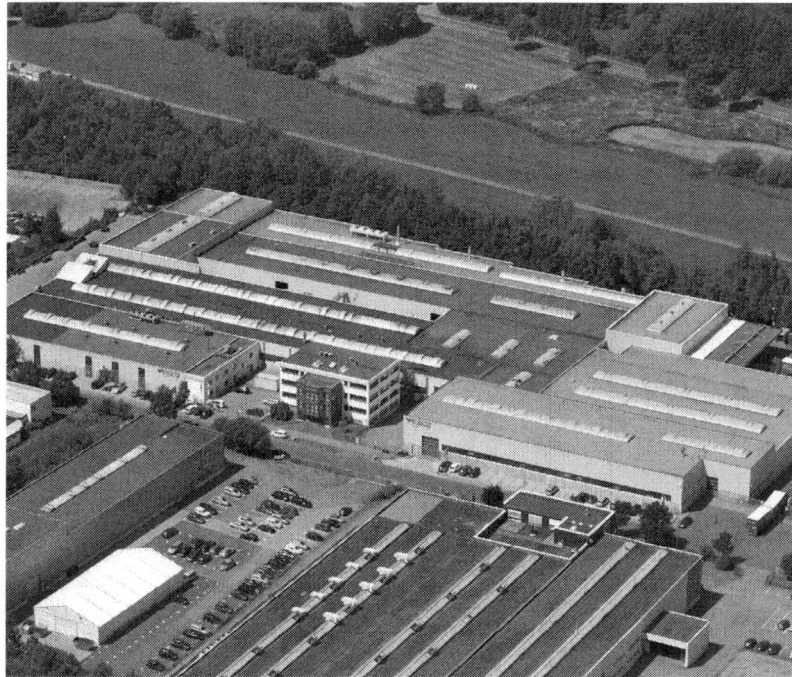

Teilansicht des Gabelzinkenwerkes „VETTER Industrie GmbH in 57299 Burbach, Carl-Benz-Straße 45

und Kranservice GmbH, Haiger Kalteiche - europäischer Spitzenreiter für Kransysteme im Besitz des Familienstammes Dr. Martin Vetter.

Alle Vetter Unternehmen zusammen, die aus der Gründerschmiede hervorgegangen sind, beschäftigen heute über 900 Mitarbeiter und Mitarbeiterinnen. Arnold Vetter wäre sicherlich stolz auf die unternehmerischen Leistungen seiner Enkel, Urenkel und Ur-Ur-Enkel!

Heimat erleben

Geschichten erzählen

Neue Anthologiereihe öffnet Türen zu literarischen Schätzen Deutschlands

Die neue Anthologie-Reihe „Heimat erleben, Geschichten erzählen" widmet sich der Vielfalt des literarischen Lebens in Deutschland. Mit 41 deutschen Regionen und vier Großstadtmetropolen im Mittelpunkt, wie beispielsweise dem Schwarzwald, dem **Siegerland**, der Lüneburger Heide, der Uckermark, dem Harz, der Sächsischen Schweiz oder den Städten Hamburg und München, stellt diese Reihe das reiche kulturelle Erbe, die vielfältigen Traditionen und die besonderen Charakteristika der deutschen literarischen Regionen heraus. Ziel ist es, eine Plattform zu schaffen, die Autorinnen und Autoren die Möglichkeit bietet, ihre Werke in einem breiten, literarischen Kontext zu veröffentlichen und so die literarischen Schätze der deutschen Regionen zu bündeln.

Mit dieser Anthologie startet ein neues Projekt, das dazu einlädt, das literarische Leben Deutschlands authentisch und kreativ zu erkunden. Schon in früheren Ausschreibungen wurden ähnliche thematische Schwerpunkte gesetzt, doch „Heimat erleben, Geschichten erzählen" verfolgt nun das umfassende Ziel, die literarischen Stimmen der Regionen auf eine größere Bühne zu heben und zusammenzuführen.

Die Auswahl an Genres und Themen ist bewusst breit gefächert: Eingereicht werden können **Erzählungen, Sagen und Märchen, Gedichte, Anekdoten, Mundarttexte, Historisches, Reiseberichte, Kurzkrimis, Fabeln, Legenden, Tagebucheinträge, Porträts, Lieder und Autofiktion** – um nur einige zu nennen. Auch Bilder, historische Fotografien und Illustrationen sind willkommen, um die einzelnen Regionen noch anschaulicher darzustellen. Die Ausschreibungen sind für Schreibende jeden Alters offen, die Geschichten können unabhängig von der Herkunftsregion der Autorin oder des Autors eingereicht werden. Auch Mundarttexte sind ausdrücklich erwünscht, um die kulturelle Vielfalt Deutschlands authentisch einzufangen und den Charme der einzelnen Regionen erlebbar zu machen. Einsendeschluss für die Anthologie-Ausschreibungen ist der **30. Juni 2025.**

**Weitere Informationen unter
www.papierfresserchen.de/Heimat-erleben**

Das Siegerland – eine Region der Wälder, Hügel und des Eisens, die tief in der Geschichte Nordrhein-Westfalens verwurzelt ist. Diese malerische Gegend im Süden des Bundeslandes ist bekannt für ihre lange Tradition im Bergbau und der Eisenverarbeitung, die die Landschaft und die Menschen seit Jahrhunderten geprägt hat – das Siegerland erzählt Geschichten von harter Arbeit, industriellem Wandel und stolzem Handwerk.

Printed in Poland
by Amazon Fulfillment
Poland Sp. z o.o., Wrocław

66691123R10103